LUFT 52

ERDE 72

DIE ELEMENTE ERLEBEN & BEGREIFEN

VORWORT

Seit altersher versuchen Menschen zu verstehen, woraus sich nun eigentlich die Welt und die Dinge dieser Welt zusammensetzen. Sie suchen nach den ursprünglichen Grundbestandteilen, nach den Elementen. Die frühen Denker gingen dabei immer von der sinnlichen Erfahrung aus. Sie erkannten, daß alle Dinge, denen man begegnet, fest oder flüssig oder luftig sind oder eine bestimmte Temperatur haben. Danach unterschieden sie vier Urstoffe:

• Zur Erde gehören alle Dinge, die man mit den Händen greifen kann.
• Für das Wasser sind das Fließende und damit die Veränderung typisch.
• Die Luft ist unsichtbar und flüchtig.
• Das Feuer spendet Wärme und Licht.

Aus dem Zusammenwirken der Urstoffe Erde und Wasser, Luft und Feuer, dachte beispielsweise der Naturphilosoph Empedokles vor 2500 Jahren, entsteht die Welt.

Die Naturwissenschaft versteht heute unter den Elementen etwas anderes: Elemente in ihrem Sinn sind Grundstoffe, die sich nicht weiter chemisch zerlegen lassen.

Aber nach wie vor erleben wir die Welt in ihren „elementaren", sinnlich erfahrbaren Qualitäten — also aus einer vorwissenschaftlichen, gewissermaßen kindlichen Sicht.

Und wenn die Beschäftigung mit den Elementen gerade Kinder immer wieder von neuem fasziniert, so mag dies daran liegen, daß die Welt hier in geordneten, anschaulichen Kategorien erfahrbar wird.

Dieses Buch will Ihnen und Ihren Kindern bei der Auseinandersetzung mit den Elementen, das heißt bei der Auseinandersetzung mit den Dingen der Welt, behilflich sein:

• Zunächst geht es jeweils auf die „leibhaftige" Erfahrung, auf die sinnliche Wahrnehmung von Wasser und Feuer, von Luft und Erde ein.
• Danach folgen Erklärungen, die diese sinnlichen Wahrnehmungen in einen einfachen naturkundlichen Zusammenhang stellen. So wird es leichter, die Elemente zu verstehen.
• Schließlich enthält dieses Buch Anregungen zum Basteln und Spielen, zum Experimentieren und Nachdenken. Dabei können sich Kinder auf einfache, spielerische, oft auch verblüffende Weise mit den Elementen auseinandersetzen. Zusätzlich gibt es hier immer wieder leicht verständliche Antworten auf alle möglichen Fragen, die Kinder zu den Elementen haben.

Bei alldem soll deutlich werden, daß die vier Elemente keine getrennten Dinge sind, sondern in ihren Qualitäten und Wirkungen aufeinander angewiesen. Wasser beispielsweise verwandelt sich durch Feuer in etwas Luftiges; Wasser macht Erde zu einem Stoff, auf und in dem Leben möglich wird; Wasser ist in der Luft enthalten und fällt aus ihr zu Boden.

Luft wiederum verwandelt Steine in Erde und läßt darauf Pflanzen und Tiere gedeihen, die wiederum zu Stoffen absterben, die brennen können — sofern es Luft gibt.

So macht die Beschäftigung mit den Elementen deutlich, wie auf dieser Welt alles ineinander verwoben und voneinander abhängig ist und wie ein Kreislauf in den anderen übergeht.

Norbert Landa

HINWEISE ZUM BASTELN

DAS MATERIAL

Zum Gestalten, Basteln, Spielen und Experimentieren wird nicht viel an Material gebraucht. Einiges ist in jedem Haushalt — zum Teil als „Abfall" — vorhanden: zum Beispiel Becher, Trinkhalme, Plastikdöschen, Tüten, Schachteln, Perlen. Anderes findet sich draußen in der Natur: Steine, Muscheln, Sand, Erde, Federn. Das übrige ist preiswert im Handel (Schreibwaren- oder Hobbyhandel) erhältlich.

Immer wieder kommen Papier, Karton und Pappe als Materialien vor: dünnes Seidenpapier, falt- und biegbares Tonpapier, kräftiger Ton- oder Fotokarton und die noch stabilere, recht druckfeste bunte Wellpappe.

Ein anderes beliebtes und praktisches Material ist Moosgummi: Es ist biegsam, formbeständig und leicht mit der Schere zu schneiden. Vor allem ist es wasserfest und somit für manche Spielsachen besonders geeignet.

Auch Biegeplüsch (die früheren „Pfeifenputzer" in neuer Ausführung) ist, vor allem wegen seiner Biegsamkeit, ein sehr praktisches Bastelmaterial; Kinder mögen es außerdem gern, weil es weich und kuschlig ist.

DIE VORLAGEN

Wer die Bastel- und Spielobjekte genau nacharbeiten möchte, kann die Vorlagen am Ende des Buches zu Hilfe nehmen.

Zunächst wird das Motiv auf Pauspapier übertragen. Dann gibt es verschiedene Möglichkeiten weiterzuarbeiten.

• Entweder die Pause auf dem gewählten Papier oder Karton befestigen. Graphitpapier mit der beschichteten Seite nach unten dazwischenschieben, und das Motiv nachzeichnen.

• Oder die gezeichneten Linien auf der Rückseite des Pauspapiers mit einem weichen Bleistift schwärzen. Das Pauspapier dann mit der Rückseite nach unten auf dem jeweiligen Papier oder Karton fixieren, und das Motiv mit einem harten Bleistift nachziehen.

Oder das Pauspapier einfach auflegen, und die Formen des Motivs mit einem Stift durchdrücken.

• Bei manchen Materialien, aber auch, wenn man ein Motiv mehrfach braucht, ist es günstiger, zunächst eine Schablone aus Karton auszuschneiden, auf das gewünschte Material zu legen und die Formen mit einem Stift zu umreißen.

WASSER

WASSER MIT DEN SINNEN ERLEBEN

Wasser spüren

• Wir können Wasser nicht mit zwei Fingern aufpicken und Suppe nicht mit der Gabel essen. Wenn wir Wasser mit der Hand aus einem Becken schöpfen, können wir keinen Wasserberg anhäufen, so wie wir zum Beispiel einen Sandhügel aufbauen können. Es bleibt nur eine Pfütze in der hohlen Hand, und das überflüssige Wasser fließt und tropft zurück in das Becken.

Dies ist so, weil Wasser keine eigene feste Gestalt hat. Wasser füllt genau die Form aus, in die es fließt. Es sucht sich immer seinen Weg zur tiefsten Stelle und läuft dort zusammen. Wasser kann zu Boden tropfen und dort eine Pfütze machen. Oder es kann in Bächen und Flüssen zum Meer fließen und sich dort sammeln.

• Doch auch wenn Wasser wegfließt, ein wenig bleibt immer zurück. Deshalb sind wir nach dem Waschen, Duschen oder Baden noch eine Zeitlang naß. Winzige Wassertröpfchen haften an der Haut und bleiben eine Weile darauf sitzen. Beim Abtrocknen nimmt das Badetuch das Wasser auf. Oder aber wir warten einfach; dann verdunstet das Wasser, und die Haut wird wie von selbst trocken. Dabei hat sich

das Wasser von einer Flüssigkeit in ein Gas verwandelt und ist in der Luft verschwunden.

• Wasser ist schwer. Doch wenn wir in die Badewanne steigen, drückt unser Gewicht das Wasser weg — wir tauchen ein, und das Wasser steigt. Gleichzeitig drückt uns das Wasser ein Stück nach oben. Es hebt uns etwas. Deshalb fühlen wir uns im Wasser leichter.

Wenn Wasser in einem Bach fließt, ist sein Gewicht besonders stark zu spüren: Sein Gewicht zieht

es bergab, dabei kommen große Wassermassen in Bewegung. Tauchen wir die Hand in einen schnell fließenden Bach, wird sie weggedrückt. In Wasserkraftwerken sammelt man Wasser in Becken und läßt es mit hohem Tempo auf Schaufelräder stürzen. Die Riesenkräfte des Wassers setzen große Maschinen in Bewegung, die Strom erzeugen.

• Beim Wasser spüren wir viel schneller und stärker, ob es kalt oder warm ist, als bei der Luft. Und wir sind viel empfindlicher. Unsere Hand hält eisige Winterluft eine ganze Weile aus. Wenn wir die Hand aber in Eiswasser stecken, frieren wir sofort. Ebensowenig schadet es uns, wenn die Luft mal sehr heiß ist — zum Beispiel, wenn wir in ein von der Sonne aufgeheiztes Auto steigen. Dagegen würden wir es in einer genauso heißen Badewanne keine Sekunde aushalten. Das Wasser legt sich nämlich sehr dicht an die Haut und überträgt seine Wärme oder Kälte sofort auf den Körper. Deshalb frieren wir so schnell, wenn das Badewasser zu kühl ist. Und deshalb ist es gefährlich, wenn man in einen kalten See fällt. Man kühlt viel schneller aus als in kalter Luft.

Erste Versuche: • Unterschiede und Gegensätze mit den Fingern, den Zehen, den Ellbogen oder auch der Nasenspitze erspüren: naß und trocken (z.B Waschlappen); warmes und kaltes Wasser; Wasser, Schnee und Eis; stehendes Wasser, fließendes Wasser. Und was spürt man, wenn man dabei Handschuhe oder Socken trägt?
• Wie fühlt sich Wasser an, wenn man es streichelt, schlägt oder aufwirbelt?

Wasser sehen

• Reines Wasser ist fast durchsichtig, obwohl in ihm viele kleine Teilchen schwimmen, zum Beispiel Kalk, Salz oder Eisen, die das Wasser aus dem Boden gelöst und mitgenommen hat. Auch die vielen tausend winzigen Lebewesen, die im Wasser leben, können wir nicht sehen, so klein sind sie.
Wasser ist dann trüb, wenn es besonders viele Schlammteilchen mit sich führt oder wenn es sehr tief ist. An tiefen Seen kann man nicht bis zum Grund sehen, auch wenn das Wasser ganz klar ist. Die Wasserteilchen verschlucken die Lichtstrahlen. Im tiefen Meer ist es stockfinster.
• Die Luft um uns herum ist voller winziger Wassertröpfchen. Meist sind sie unsichtbar. Nur bei Nebel versperren sie die Sicht: Dann sind besonders viele in der Luft.
• Auch die Atemluft steckt voll Wasser. Man kann sie sichtbar machen, wenn man einen Spiegel oder eine Fensterscheibe anhaucht. Dann bildet sich dort eine feine Schicht von Wassertröpfchen. Die Luft, die wir ausatmen, ist nämlich ziemlich feucht. Sie enthält mehr Wasserdampf als die Luft, die wir einatmen.

Unser Körper ist im Inneren ziemlich wäßrig. Pflanzen, Tiere und Menschen bestehen hauptsächlich aus Wasser. Nicht nur das Blut ist wäßrig. Auch in den Zellen, den winzigen Teilchen, aus denen der Körper aufgebaut ist, befindet sich Wasser. Würde man das Wasser aus dem Körper entfernen, wären wir nur ein Drittel so schwer.
Erste Versuche: • Gläser mit Wasser aus dem Wasserhahn, einem Bach, einem Teich, dem Meer, mit Regenwasser, mit Pfützenwasser (Straße, Wald, Sand) füllen. Ein solches Wassermuseum zeigt, daß Wasser unterschiedlich aussehen kann.
• Wasser leicht einfärben, Tropfen auf ein Papier geben. Wie verhalten sich die Tropfen, wenn man pustet, wenn man sie verstreicht, wenn es viele, wenn es nur einzelne sind?

Wasser riechen & schmecken

• Reines Wasser hat keinen besonderen Geschmack, und es riecht auch nach nichts — zumindest für uns Menschen. Tiere dagegen, die in wasserarmen Gegenden leben, können Wasser aus weiter Entfernung wittern. Kamele zum Beispiel erschnuppern den Geruch von Wasser. Trinkwasser ist sehr kostbar. Es gibt zwar ungeheure Mengen von Wasser auf der Erde, doch das meiste davon ist Meerwasser. Es schmeckt so salzig, daß wir es nicht trinken können.
• Da Wasser für uns Menschen keinen besonderen Eigengeschmack hat, bietet es sich zum Zubereiten aller möglichen Getränke an: Man kann ihm die verschiedensten Geschmacksstoffe zusetzen — und so erhalten wir Fruchtsaft, Zitronenlimonade und Cola, Kaffe und Tee ...

Erste Versuche: • Mit geschlossenen Augen reines und leicht „aromatisiertes" Wasser kosten: Wasser mit Salz, Brühe, Saft ... Lassen sich Geruchsunterschiede feststellen?

Wasser hören

• Wenn Tropfen auf den Boden fallen, klopfen sie wie winzige Hämmerchen, bevor sie platzen. Besonders laut ist der Regen, wenn er auf ein Blechdach trommelt. Das Dach schwingt ähnlich wie die Bespannung einer Trommel. Bei starkem Regen nehmen wir die einzelnen Tropfen nicht mehr wahr, sie rauschen in Massen herab.
• Wasser lärmt auch, wenn es fließt. Dann reiben die Wasserteilchen aneinander. Ein kleiner Bach murmelt und gluckst. Doch wenn das Wasser steigt, fängt er an zu rauschen. Das Wasser fließt schneller und springt über Steine, die Teilchen werden stark durcheinandergewirbelt. Am lautesten sind Wasserfälle. Millionen Tröpfchen prallen aufeinander, es zischt und tost.
• Auch unter Wasser kann man hören. Wenn wir in der Badewanne untertauchen, klingt alles etwas anders, und Stimmen von außen sind schwer verständlich. Unsere Ohren sind für das Hören an der Luft und nicht für das Hören unter Wasser gemacht.
Erste Versuche: • Dem Regen lauschen, der sich je nach Stärke und Ort ganz unterschiedlich anhört. Den Regen auch in verschiedene Behälter tropfen lassen.
Fließendem Wasser aus dem Wasserhahn, einem Bach, einem Strom zuhören ...
Selbst Wassergeräusche machen: mit einem Trinkhalm in Wasser pusten; Wasser in ein Glas füllen und schütteln (Regenrassel).

DAS ELEMENT WASSER BEGREIFEN

Wieviel Wasser gibt es auf der Erde?

Mehr als zwei Drittel der Erdoberfläche sind mit Wasser bedeckt. Wenn man einen Globus dreht und die Seite anschaut, die uns entgegengesetzt ist, sieht man fast nur das Blau der Meere, mit den Inseln der Südsee als kleinen festen Punkten.

Die Meere enthalten beinahe alles Wasser der Erde. Kein Wunder, wenn man bedenkt, daß die Meere durchschnittlich zwei Kilometer tief sind.

Es gibt dreißigmal mehr salziges Meerwasser als Süßwasser. Doch als Trinkwasser, zum Kochen und Waschen und zum Bewässern der Felder können wir nur Süßwasser nehmen. Der größte Teil des Süßwassers ist aber als Eispanzer rund um den Nordpol und Südpol gespeichert. Das heißt, wir können nur ein Hundertstel von allem Wasser nutzen, das es auf der Welt gibt.

Dieses Süßwasser fließt in Flüssen, steht in Seen, lagert als Grundwasser in unterirdischen Seen oder treibt als winzige Wassertröpfchen mit den Wolken dahin.

Und ein winziger Teil des Wassers auf der Erde ist in jedem lebendigen Wesen gespeichert — in den Zellen von Pflanzen, Tieren und Menschen.

Wie kommt das Wasser in die Wolken?

Das meiste Wasser, das wir zum Trinken, Kochen und Waschen brauchen, war früher einmal Meerwasser.

Wenn die Sonne auf das Meer scheint, verdunstet Wasser. Es steigt als Wasserdampf hoch in den Himmel. Dort oben ist die Luft kalt. Kalte Luft kann nicht soviel Wasserdampf aufnehmen wie warme Luft. Der Wasserdampf sammelt sich in winzigen Tropfen, und unzählige dieser Tröpfchen finden zu Wolken zusammen. Der Wind bläst die Wolken mit ihrer Last fort und über das Land. Und hier verbinden sich die winzigen Tröpfchen in den Wolken zu richtigen Wassertropfen. Sie werden immer schwerer, können nun nicht mehr in der Luft schweben und fallen zur Erde. Es regnet oder schneit.

Was wird aus dem Regenwasser?

Das meiste Regenwasser versickert in der Erde. Es sammelt sich unter der Erde und kommt in einer Quelle wieder zum Vorschein.

Ein Teil des Regenwassers bleibt an der Oberfläche und läuft in Pfützen, Teichen und Bächen zusammen. Die Bäche münden in Flüssen, und die Flüsse fließen zurück zum Meer.

Ein kleiner Teil des Regenwassers nimmt andere Wege. Es kann von den Wurzeln der Pflanzen aufgesogen und zum Beispiel in Gräsern oder Kartoffeln gespeichert werden.

Rehe fressen das Gras, Menschen essen Kartoffeln, und so gelangt das Regenwasser in den Körper eines Tiers oder eines Menschen.

Oder das Wasser steigt im Stamm eines Baums hoch und wird bis in die Blätter der Krone geleitet. Dort verdunstet es und steigt als Dampf in die Luft auf.

Ein anderer Teil des Regenwassers, der im Boden versickert ist, wird in großen Brunnen hochgepumpt und in Wasserwerken gesammelt und gereinigt. Über die Wasserleitungen kommt es als Trinkwasser in die Küche und in das Bad. Das schmutzige Wasser fließt durch Kanäle in die Kläranlage. Hier wird es wieder gereinigt und in den Fluß geleitet, der es zurück in das Meer bringt.

Warum schmeckt Meerwasser salzig?

Salz ist in kleinen Mengen im Gestein enthalten. Wenn Bäche und Flüsse über solche

Steine fließen, nehmen sie auch ein paar Salz-
teilchen mit – viel zuwenig, als daß wir
dies beim Trinken schmecken würden. Für uns
hat das Wasser eines sauberen Bachs keinen
Geschmack. Doch insgesamt nehmen die Flüsse,
die in die Meere fließen, große Ladungen von
Salz mit. Wenn das Wasser im Meer verdunstet
und in den Himmel aufsteigt, bleibt immer
ein Teil des Salzes im Meer zurück. Es hat viele
Millionen Jahre gedauert, bis all das Salz im
Meer war.
Nur Meerestiere können Meerwasser trinken.
Ihr Körper ist so gebaut, daß er das Salz aus
dem Wasser entfernt und ausscheidet. Wir
Menschen und die Landtiere können das nicht.
Wer Meerwasser trinkt, wird um so durstiger.
Auch Pflanzen gehen ein, wenn man sie mit
Salzwasser gießt.

Wie kommt das Wasser hoch in die Baumkrone?

Alles, was lebt, braucht Wasser. Pflanzen gehen
ein, wenn sie nicht genug Wasser bekommen.
Sie nehmen das Wasser aus der Erde mit den
Wurzeln auf und transportieren es durch den
Stengel oder durch den Stamm nach oben.
Eine Eiche zum Beispiel saugt jeden Tag ungefähr eine Tonne Wasser auf. Das ist soviel
wie in einer Stunde aus einem voll aufgedreh-
ten Wasserhahn fließt. Durch feine Röhrchen im
Stamm und in den Zweigen steigt das Wasser
hoch bis in die Blätter. In den Blättern verwandelt es sich in Wasserdampf und verdunstet.
Andere Pflanzen, wie zum Beispiel Kakteen,
kommen mit ganz wenig Wasser aus, weil sie
alle Feuchtigkeit in der Pflanze festhalten.

Warum löscht Wasser den Durst?

Unser Körper braucht Wasser, weil die vielen
Millionen winzigen Zellen, aus denen wir be-
stehen, nur arbeiten können, wenn genügend
Wasser vorhanden ist. Diese Zellen bestehen
selbst hauptsächlich aus Wasser, und Wasser
ist auch nötig, damit die komplizierten Vor-
gänge in ihnen richtig ablaufen können.
Deshalb werden wir durstig, wenn wir längere
Zeit nichts getrunken haben oder wenn wir
uns angestrengt haben.
Je stärker wir schwitzen oder atmen, desto
mehr Wasser verlieren wir. Die Zellen melden
Wassermangel, und wir müssen etwas trinken.
Das Wasser wird mit dem Blut in die Zellen
überall im Körper transportiert.
Gegen Durst hilft auch Tee, Fruchtsaft oder
Limonade. Alle Flüssigkeiten, die den Durst
löschen, bestehen hauptsächlich aus Wasser.
Wir können auch Früchte essen. Denn schließlich ist darin viel Wasser enthalten. Wir merken
das, wenn wir Äpfel auspressen und den Apfel-
saft trinken. Genausogut können wir einen
ganzen Apfel essen.

Ist Wasser immer flüssig?

Wasser gibt es in verschiedenen Formen — als
Flüssigkeit, die wir trinken, als Wasserdampf,
den wir mit der Atemluft einatmen, und als
Eis. Dabei kommt es auf die Temperatur an.
Im Eisfach, bei Temperaturen unter null Grad,
kühlt Wasser so stark ab, daß es sich in etwas
Festes verwandelt, nämlich in Eis. Ein Eiswürfel
ist gefrorenes Wasser. Wenn wir den Würfel in
die Hand nehmen, taut er auf. Die Hand wird
kälter und verliert Wärme an den Eiswürfel,
der dafür immer wärmer wird. Nach einiger
Zeit hat sich das Eis in Wasser verwandelt und
tropft aus der Faust.
Wasser kann sich auch in Luft auflösen: Wenn
Wasser lang genug kocht, verwandelt es sich
ganz und gar in Luft, genauer in Wasserdampf.
Es ist also nicht wirklich verschwunden. Der
Dampf kann sich leicht wieder in flüssiges Wasser
zurückverwandeln. An kalten Stellen, zum
Beispiel am Fenster, bilden sich dann Tröpfchen.

Warum blubbern Blasen im Wasser?

Im Wasser sind immer auch gasförmige Stoffe.
Im Sprudel und im Mineralwasser ist es Kohlen-
säure. Sobald man eine Flasche aufmacht,
spürt man, wie Luft rauszischt. Nun ist in der
Flasche weniger Druck. Die im Mineralwasser
gefangenen Gase haben Platz, sich in Gasblasen
zu sammeln. Und weil sie so leicht sind,
steigen sie auf. Das Wasser sprudelt.
Auch im normalen Wasser, mit dem wir kochen,
ist Luft enthalten. Kaltes Wasser kann mehr
Luft in sich aufbewahren als warmes Wasser.
Das sieht man, wenn das Wasser immer heißer
wird. Das heiße Wasser kann die Luft nicht
mehr halten, und Luftblasen steigen auf. Beim
Aufsteigen drängen die Luftblasen die Wasserteilchen weg, und wenn sie an die Oberfläche
gelangen und in die Luft aufsteigen, fließt das
Wasser hinter ihnen wieder zusammen. Die
zusammenprallenden Wasserteilchen erzittern,
und das hören wir als Blubbern.

EISBÄREN AUF EIS

Die Eisbären haben ihren Spaß auf den Eiswürfeln. Und wenn die Würfel aus Saft sind, kann man sie wie Eis am Stiel schlecken. Lecker!

BASTELMATERIAL

Moosgummi in Weiß; Partyspieße aus Kunststoff; wasserfester schwarzer Filzstift; Klebstoff (Heißkleber); Schere; Eiswürfelbehälter

VORLAGEN

Siehe Seite 90: Eisbär 1

BASTELANLEITUNG

Eisbären aus Moosgummi ausschneiden und beidseitig mit einem Filzstift ausgestalten. Spießchen mit einer Schere an der Spitze etwas kürzen, dann an den Eisbären befestigen. Einen Eiswürfelbehälter mit Wasser füllen und in das Eisfach stellen. Ist das Wasser leicht angefroren, werden die Eisbärenspieße hineingesteckt und mit eingefroren.

SPIELIDEEN & VERSUCHE

1. Eiswürfel mit Eisbären auf Wasser setzen und schwimmen lassen. Durch Wasserbewegungen vorantreiben. Welcher Bär kommt, ohne umzukippen, zuerst ins Ziel? (Kurze Spießchen verwenden, so daß die Eisbären möglichst direkt auf den Würfeln sitzen.)
2. Auf dem Tisch stehen zwei Becher, einer mit warmem, einer mit kaltem Wasser, dazu ein flacher Teller. In jeden Becher und auf den Teller wird ein Eiswürfel gelegt. Welcher schmilzt am schnellsten, und welcher braucht am längsten?
3. Verschiedene Säfte in einen Eiswürfelbehälter füllen und in das Eisfach stellen. Eisbärenspieße mit einfrieren.

Die Eiswürfel aus dem Behälter lösen und an die Kinder verteilen. Wer hat seinen Würfel zuerst gelutscht?

Warum schwimmt Eis auf dem Wasser?

? Wenn Wasser kälter wird als Null Grad, dann heften sich die winzigen Teilchen, aus denen das Wasser besteht, aneinander und werden fest. Das Wasser fließt nicht mehr, sondern ist zu Eis geworden. Jetzt braucht es auch mehr Platz: Wenn Wasser gefriert, dehnt es sich aus. Deshalb darf man eine volle Flasche nicht ins Eisfach stellen – wenn der Inhalt gefriert, drückt er die Flasche auseinander und das Glas zerspringt.

Dies ist auch der Grund, weshalb ein Eiswürfel im Wasserglas oder ein Eisberg im Meer nicht untergeht. Der Eisberg ist größer geworden, aber nicht schwerer. Er nimmt mehr Platz ein als das Wasser, aus dem er entstanden ist. Aber er ist etwas leichter als das Wasser, in dem er nun schwimmt. Seine Spitze schaut aus dem Wasser heraus.

Es kann ziemlich lange dauern, bis ein großer Eisberg schmilzt. Manchmal treibt er jahrelang im Eiswasser. Ein Eiswürfel schmilzt natürlich schneller. Dann vermischt sich das Wasser, aus dem er bestanden hat, wieder mit dem Wasser, in dem er schwimmt.

BOOTSSPIELE

Spiel und Spaß mit bunten Booten:
Welches Boot ist am schnellsten? Welches trägt die meiste Fracht?

Warum kann Wasser Schiffe tragen?

? Wenn wir ein leeres Schiffchen ein Stück weit ins Wasser drücken, spüren wir, wie das Wasser von unten entgegenwirkt und das Schiff nach oben drückt. Diese Kraft nennt man „Auftrieb". Je tiefer wir das Schiff ins Wasser drücken, desto stärker spüren wir den Auftrieb.
Wir können das Schiffchen aber auch beladen. Das Gewicht der Ladung macht jetzt das gleiche wie vorher unsere Hand: Das Boot sinkt ein Stück weit ins Wasser. Dabei drängt es Wasser weg.

Jetzt kommt es darauf an, wie schwer das Schiff mitsamt der Ladung ist. Ist es leichter als die Menge Wasser, die beim Eintauchen weggedrückt wird, schwimmt es. Ist das Gewicht jedoch schwerer, versinkt das Boot. Der Auftrieb ist nicht stark genug.
Beim Bootfahren und Bootbeladen muß das Gewicht auch gleichmäßig verteilt sein. Und das Boot darf sich nicht zu heftig bewegen. Sonst kippt es. Oder Wasser schwappt herein, und das Boot wird plötzlich viel schwerer. Je schwerer es ist, desto tiefer sinkt es ein.
Und dann kann es schnell untergehen.

BASTELMATERIAL

Moosgummi in verschiedenen Farben; runde Holzzahnstocher; wasserfester Klebstoff; Schere

VORLAGEN

Siehe Seite 90: Schiffchen 2a – 2c

BASTELANLEITUNG

Für ein Schiffchen jeweils drei verschieden große Formen aus Moosgummi ausschneiden und aufeinanderkleben. In der Mitte des Hecks, 3 mm vom Rand entfernt, einen Zahnstocher als Mast einstechen und festkleben. Ein Fähnchen (3 x 2 cm) daran befestigen.

SPIELIDEEN

1. Jeder Mitspieler hat ein Schiffchen und mehrere kleine Spielzeugteile oder Steinchen vor sich liegen. Die Schiffe werden auf das Wasser gesetzt, und jeder muß seines beladen. Droht ein Schiff zu versinken, nichts mehr aufladen! Wer hat am Schluß die meiste Fracht an Bord?
2. Die Schiffchen werden auf eine große Wasserfläche gesetzt (See, Teich, Planschbecken, Badewanne). Nun treiben die Kinder sie durch Pusten, Anschubsen oder Wellenbewegungen (mit den Händen Wellen erzeugen) voran. Welches Schiff erreicht zuerst das Ufer?

WASSERGEIST

Ein Wassergeist aus Leinenstoff, der naß gemacht und aufgepustet wird.
Schon schwimmt er auf dem Wasser. Geisterhaft!

BASTELMATERIAL

Leinenstoff, 80 x 40 cm (z.B. Leinengeschirr-tuch); 2 Rollen Mullbinden; Steinchen als Gewichte; Moosgummi in Schwarz und Weiß; Faden und Nadel; evtl. Nähmaschine; Schere

BASTELANLEITUNG

Leinenstoff zu einem Quadrat (40 x 40 cm) doppelt zusammenlegen.

Gesichtsteile aus Moosgummi anfertigen; mit je einem Stich in die Mitte des oberen Quadrates nähen.

Mullstreifen, 30 cm bis 40 cm lang, an den Rändern des einen Stoffteils festnähen.

Die beiden Stoffteile links auf links aufeinander-legen, an den Rändern fest zusammennähen, dabei eine Seite zum Wenden offenlassen. Den Stoff auf rechts drehen und vollends zunähen.

Zum Schluß an den Enden der Mullstreifen jeweils einen kleinen Stein festknoten.

Falls der Wassergeist in einem größeren Gewässer schwimmen soll, eine lange Schnur anbringen.

Jetzt wird der Wassergeist ganz naß gemacht, dann an einer beliebigen Stelle aufgeblasen — und schon kann man ihn auf dem Wasser schwimmen lassen.

Erst wenn der Wassergeist trocknet, wird er allmählich wieder Luft verlieren.

Warum schwimmen luftgefüllte Dinge?

? Luft ist leichter als fast alles andere auf der Welt. Deshalb sind auch Dinge, die haupt-sächlich aus Luft bestehen, sehr leicht. Sie tanzen auf dem Wasser und tauchen kaum ein. Um einen mit Luft gefüllten Wasserball oder Schwimmreifen unter Wasser zu drücken, braucht man viel Kraft — etwa soviel Kraft wie das Wasser wiegt, das vom Schwimmreifen verdrängt wird. Deshalb kann man mit einem Schwimmreifen nicht tauchen.

Es gibt auch Schwimmreifen aus Kork oder Styropor. Das sind Stoffe, die hauptsächlich aus Luft bestehen. In ihren unzähligen winzigen Kammern sind Luftkügelchen eingeschlossen, und die machen Kork und Styropor so leicht.

Und warum schwimmt unser Schwimm-geist auf dem Wasser?

Auch er ist mit Luft gefüllt. Und so-lange seine Hülle naß ist, kann die Luft nicht entweichen. Denn bei der Berührung mit Wasser dehnen sich die Fasern der Hülle aus, die feinen Öffnungen im Stoff werden kleiner. Das Wasser bildet jetzt eine dünne Haut über diesen winzigen Löchern und schließt sie.

Der Geist hält dicht und tanzt auf dem Wasser.

SPASS MIT WASSERTIEREN

Die Schildkröte ist voller Löcher. Wetten, daß sie trotzdem kein Wasser verliert?!
Die Wasserflöhe sehen gleich aus. Und die Fische auch. Wetten, daß aber nicht alle schwimmen?!

SCHILDKRÖTE

BASTELMATERIAL

kleine Plastikbecher; Fliegengitter (Plastik-gewebe); kleine Glasscheibe; wasserfester schwarzer Filzstift; Schere

VORLAGEN

Siehe Seite 90: Schildkröte 3

BASTELANLEITUNG & VERSUCH

Einen kleinen Plastikbecher als Schildkröten-panzer nehmen. Die Körperform aus Fliegengitter ausschneiden. Der Becher soll ganz auf der Körperform aufliegen können!
Mit wasserfestem Filzstift ein Gesicht aufzeichnen. Den Becher nun randvoll mit Wasser füllen, mit der Schildkrötenform abdecken, und eine Glas-scheibe darüberlegen. Den Becher um 180 Grad drehen, so daß die Öffnung nach unten zeigt. Nun die Schildkröte mit dem Becher langsam von der Glasplatte ziehen. Vorsicht! Bei Schräg-lage verliert die Schildkröte ihren Körper, und das Wasser fließt heraus.

SPIELIDEEN

1. Wie wär's mit einer Wette? Wetten, daß im Panzer meiner Schildkröte das Wasser drinbleibt — bei deiner aber nicht?
Wer den Trick nicht kennt, wird es kaum schaffen, das Wasser in der Schildkröte zu halten.
2. Mit mehreren Schildkröten kann man auch einen vorsichtigen Wettlauf veranstalten. Welche Schildkröte hält das Wasser am längsten? Dieses Spiel erfordert aber große Konzentration!

WASSERFLÖHE & FISCHE

BASTELMATERIAL

Kronenkorken; holografische Folie; Alufolie; Dekorlack in Schwarz und Weiß; Kraftkleber; Hammer; Amboß; Schere

VORLAGEN

Siehe Seite 90: Fisch 4

Hat Wasser eine Haut?

? Wasser hat eine Haut, die aus unzähligen unglaublich winzigen Teilchen besteht. Diese Teilchen halten sich gegenseitig fest und spannen eine Art Haut über dem Wasser. Das nennt man Oberflächenspannung.

Man kann dies gut sehen, wenn man leichte Gegenstände, wie zum Beispiel unsere Wasserflöhe, auf die Wasserhaut legt: Sie gehen nicht unter. Die Oberflächenspannung ist größer als ihr Gewicht. Doch wir müssen dabei vorsichtig sein. Wenn wir die Flöhe senkrecht eintauchen, zerreißen wir die Wasserhaut – und sie versinken. Die Oberflächenspannung ist auch der Grund, warum Stoff, selbst wenn er viele kleine Löcher hat, Wasser festhalten kann. Wir füllen einen Becher bis zum Rand mit Wasser und legen Gitterstoff darauf. Nun bildet sich über jedem der feinen Löcher ein Tröpfchen, das von einer Wasserhaut umspannt ist. Jedes einzelne Häutchen ist schwach. Zusammen sind sie aber stark genug, um das Wasser im Becher zu halten. Wir können ihn umdrehen, und das Wasser bleibt drinnen. Die Oberflächenspannung können wir auch sehen, wenn es auf ein Fenster regnet. Die Haut schließt viele einzelne Wasserteilchen eng zusammen. Deshalb entstehen Tropfen, die sogar beim Hinunterrollen zusammenhalten.

BASTELANLEITUNG & VERSUCHE

Wasserflöhe: Kronenkorken mit einem kleinen Hammer ganz flach klopfen. Mit einem Kreis aus holografischer Folie bekleben. Gesichter aufmalen. Eine Schüssel mit Wasser füllen (eventuell Salz zugeben). Die Wasserflöhe waagrecht auflegen. Sie schwimmen.

Eine zweite Schüssel mit Wasser füllen, etwas Spülmittel beigeben. Die Wasserflöhe auflegen: Sie gehen sofort unter! (Siehe auch Seite 18/19.)

Fische: Den Rand von zwei Kronenkorken mit einem kleinen Hammer schräg nach außen klopfen, bis er keine Einkerbungen mehr hat. Die Korken mit den schrägen Rändern aufeinanderlegen.

Zwei andere Korken flach klopfen und aufeinanderkleben. Es sollte keine Luft dazwischen sein! Die Korkenpaare jeweils zwischen zwei Lagen Aluminium kleben; dieses zu einer Fischform schneiden. Nach Belieben mit Folie bekleben und Augen aufmalen.

Beide Fische sind aus dem gleichen Material. Und doch: Wenn man sie senkrecht in Wasser eintaucht, wird einer schwimmen (der mit der Luft im Bauch), der andere untergehen. (Siehe auch Seite 14/15.)

SPIELIDEEN

1. Bei den Fischen wie bei den Wasserflöhen bieten sich Wetten an: Wetten, daß mein Fisch schwimmt und deiner sinkt? Wetten, daß meine Flöhe auf dem Wasser liegen und deine untergehen?

2. Alle sitzen um eine Schüssel mit Wasser. Vorsichtig werden die Wasserflöhe waagerecht auf das Wasser gelegt. Wie viele gehen unter, wie viele schwimmen?

3. Kronenkorken als Schiffchen aufs Wasser legen und mit kleinen Perlen beladen. Jedes Kind bestimmt selbst, wann es mit dem Aufladen aufhört. Wer hat am Schluß die meiste Fracht auf dem Wasser?

SEIFENSCHAUMSPIELE

Bunte Seifenschaumtiere und blubbernde Seifenschaumblasen:
Kinder haben riesigen Spaß bei Seifenschaumspielen. Von wegen Angst vor Seife!

SPIELMATERIAL

Kernseife; Wasser; abwischbare Spielfläche; evtl. Wasserfarbe, Gefäße, Trinkhalm, Schneebesen, Schwamm

SPIELIDEEN

Kernseife zunächst mit etwas Wasser zu Schaum reiben.
Nach Belieben mit Wasserfarbe einfärben.
1. Den Seifenschaum in ein Glas geben und mit einem Trinkhalm hineinblasen, daß es blubbert. Der Schaum wird immer mehr.
Wer ist der beste Schaumbläser?
2. Seifenschaum in ein etwas größeres Gefäß geben und mit einem Schneebesen schlagen. Wer ist der beste Schaumschläger?
3. Seifenschaum mit einem Schwamm aufnehmen und ausdrücken. Wer macht den höchsten Schaumberg?
4. Seifenschaum auf eine abwischbare, glatte Unterlage geben. Mit einem Trinkhalm verschiedene Formen pusten. Oder mit einem Schwamm lustige Schaumtiere modellieren!

Wann schäumt das Wasser?

? Wenn man eine fettige Bratpfanne mit klarem Wasser abspült, rollen die Wassertropfen darüber hinweg, das Fett bleibt an der Pfanne haften. Die Wasserteilchen schließen sich mit ihresgleichen zusammen und perlen einfach ab. Auch wenn wir uns die schmutzigen Hände waschen, greift das Wasser fettigen Schmutz nicht an. Deshalb brauchen wir Seife.
Seife löst die Oberflächenspannung im Wasser auf – das ist jene Kraft, die für die feine Haut auf dem Wasser sorgt und Wasser gern zu Tröpfchen zusammenschließt. Die winzigen Seifenteilchen im Wasser verbinden sich auf der einen Seite mit Wasser und auf der anderen Seite mit dem Schmutz.

Wenn wir eine Pfanne mit Seifenwasser abspülen, geht das Fett leichter ab. Auch der Schmutz an den Händen und im Gesicht ist meistens etwas fettig. Denn in den Hautdrüsen wird Fett erzeugt, das sich als Schutzschicht auf die Haut legt. Reines Wasser kriegt diesen Schmutz nur schwer ab. Mit Wasser und Seife geht es viel leichter. Das Seifenwasser schäumt. Die Spannung im Wasser ist aufgelöst, nun kann sich Luft unter das Wasser mischen. Der Seifenschaum ist also eine Mischung aus Wasser, Seife und winzigen Luftbläschen.
Und wenn wir mit einem Trinkhalm noch mehr Luft in die Seifenlauge pusten, entsteht ein richtiges Seifenschaumgebirge.

WASSERVOGEL

Der Wasservogel hat den Bauch voll mit Wasser. Und das bleibt dort auch, wenn man den Vogel im Kreis fliegen läßt. Dies muß nur schnell gehen.

BASTELMATERIAL

Moosgummi in Blau und Rot, 1 mm stark, Moosgummi in Blau, 2 mm stark; schmaler Plastikbecher; Marabufedern in Hellblau; Dekorlack in Weiß und Schwarz; reißfester Wollfaden; große Perle; Klebstoff; Schere; Nähnadel

VORLAGEN

Siehe Seite 90: Vogel 5

BASTELANLEITUNG

Einen Vogelkörper mit Flügeln zweimal aus dünnem blauem, Füße einmal aus rotem Moosgummi ausschneiden. Die beiden Lagen des Körpers um einen Becher kleben — dabei die Füße mitfassen. Die Lagen der Flügel aufeinander fixieren, und jeweils eine Feder mit einkleben.

Einen Kopf aus dickem blauem Moosgummi zusammen mit einer Feder am Becher befestigen. Einen Schnabel zweifach aus rotem Moosgummi fertigen. Ein Teil an der Vorderseite des Kopfes fixieren, das andere von der Rückseite gegenkleben. Ein Auge aufmalen.

Mit einer Nähnadel über jedem Flügel zwei Löcher im Abstand von zwei Zentimetern in den Rand des Bechers bohren. Auf jeder Seite einen reißfesten Wollfaden durch die Löcher ziehen, Enden verknoten (Länge 80 bis 100 cm).

Die Fadenenden beider Seiten mit einer großen Perle zusammenknoten.

Warum bleibt das Wasser im Wasservogel?

? Wasser fließt nach unten. Die Kraft, die das Wasser — und alle Dinge — nach unten zieht, ist die Schwerkraft. Wenn wir Wasser in einen Becher füllen, sammelt es sich unten an der tiefsten Stelle. Die Oberfläche ist eben und glatt. Wenn wir das Glas umdrehen, sucht sich das Wasser einen tieferen Platz: Es fließt heraus.

Aber wenn wir den Wasservogel durch die Luft schleudern, bleibt das Wasser in ihm drin. Dabei wird der Becher gekippt. Warum fließt das Wasser nicht auf den Boden?

Der Grund dafür ist die Fliehkraft. Das ist die Kraft, die uns zur Seite drückt, wenn wir im Auto schnell in eine Kurve fahren. Alle Dinge, die in Bewegung sind, wollen ihre gerade Bahn fortsetzen. Wenn man sie in eine Kurve zwingt, werden sie von ihrem Gewicht nach außen gedrückt — so wie wir bei einer Kurvenfahrt.

Im kreisenden Wasserschleudervogel ist die Fliehkraft, die das Wasser nach außen drückt, stärker als die Schwerkraft, die das Wasser nach unten zieht. Vogel und Wasser werden nach außen gezerrt, doch die Schnur hält sie fest. Und das Wasser wird an den Boden des Gefäßes gedrückt. Deshalb fließt es nicht aus dem Becher heraus nach unten. Wir können den Wasserschleudervogel waagrecht im Kreis schleudern wie ein Karussell oder sogar senkrecht wie ein schnelles Riesenrad, das Wasser bleibt immer drinnen.

SPIELIDEEN

1. Den Vogelbecher mit Wasser füllen. Zuerst langsam, dann etwas stärker hin- und herpendeln lassen, bis der Schwung so groß ist, daß schnelle ganze Drehungen gemacht werden können. Am Schluß allmählich auspendeln. So verliert der Vogel nur wenig Wasser.

Wessen Vogel verliert am wenigsten Wasser beim Fliegen?

2. Je zwei Kinder spielen zusammen. Eines hat die Augen verbunden und trägt einen mit Wasser gefüllten Vogelbecher. Es wird von dem anderen Kind vorsichtig zu einer Wendemarke und wieder zurück geführt. Welches Team hat am Schluß noch das meiste Wasser im Vogelbecher?

3. Die Kinder spielen in Gruppen. Mit den Händen transportieren sie Wasser zu einem Vogelbecher. Welches Team hat den Durst des Vogels zuerst gelöscht?

4. Mit einem gefüllten Vogelbecher muß ein Parcours bewältigt werden. Wer verliert am wenigsten Wasser?

TAUCHKATZE

**Man kann die Tauchkatze ganz ins Wasser eintauchen.
Und trotzdem wird sie nicht naß. Ist das Zauberei?**

BASTELMATERIAL

kleiner Plastikbecher (Öffnung quadratisch
mit abgerundeten Ecken); hohes Trinkglas; Tonkarton in Ocker; Nylonschnur; Dekorlack in
Weiß und Schwarz; brauner Filzstift; Klebstoff;
Klebeband; Schere; Nähnadel

VORLAGEN

Siehe Seite 90: Katze 6

BASTELANLEITUNG & VERSUCH

Einen Plastikbecher rundum kürzen, dabei an
den Seiten jeweils zwei „Beine" stehenlassen.
Die Beine vorsichtig nach außen biegen.
Einen Katzenkopf mit Halsteil zweifach aus
Tonkarton ausschneiden; ein Fellmuster aufmalen.
Drei Stücke Nylonschnur als Barthaare durch
ein Kopfteil ziehen. Ein Gesicht zeichnen.
Die Halsteile jeweils nach außen knicken, und
die Kopfteile aufeinanderkleben.
Die Katze mit dem Kopf nach unten in ein Glas
schieben. Die Beine sollten so weit nach außen
gebogen sein, daß die Katze im Glas festklemmt.
(Sonst die Beine mit Klebeband fixieren.)
Wird das Glas mit der Öffnung nach unten
senkrecht ins Wasser eingetaucht, dann bleibt
die Katze trocken. Vorsicht! Bei Schräglage
bekommt die Katze nasse Füße.

SPIELIDEE

Es macht Spaß, in der Badewanne oder einem
Planschbecken mit der Tauchkatze zu spielen.
Man kann zum Beispiel mit dem Katzenbecher
kleine Mäuse aus Styropor einfangen.

Wer fängt die meisten Mäuse, ohne daß die
Tauchkatze naß wird?

Wie bleibt man unter Wasser trocken ?

? Unsere Papierkatze können
wir mit dem Glas ins Wasser
tauchen – und sie bleibt
trotzdem trocken. Das hat
folgenden Grund: Wenn wir das Glas
mit der Öffnung nach unten eintauchen, sperren wir Luft im Glas ein.
Die Luft hat keinen Ausweg. Nach
oben versperrt ihr das Glas den Weg,
nach unten das Wasser. Da Luft viel
leichter ist als Wasser, kann sie nicht
im Wasser versinken. Also bleibt sie
im Glas und wird dabei ein klein wenig
zusammengedrückt. Dort, wo die Luft
ist, kann kein Wasser hinkommen.
Und die Katze sitzt behaglich im
Trockenen. So ein Gefäß nennt man
auch Taucherglocke. Drinnen ist Luft,
und drunter ist Wasser.

In einer großen Taucherglocke mit
Fenstern hat man früher richtige
Taucher auf den Grund eines Sees
oder Flusses gelassen.
Es gibt auch Wasserspinnen, die sich
eine Taucherglocke aus Spinnfäden
weben. Wasserspinnen brauchen Luft
zum Atmen. Aber damit sie nicht
dauernd auftauchen müssen, weben sie
unter Wasser zwischen den Stengeln
von Wasserpflanzen ein Netz, das wie
eine Kuppel aussieht. Dann transportieren sie mit ihren Härchen winzige
Luftblasen dorthin. Die Luft sammelt
sich oben in der Kuppel. Nun kann sich
die Spinne in der Kuppel unter Wasser
auf Lauer legen. Sie kann bequem die
mitgebrachte Luft atmen und bleibt
trocken wie unsere Katze.

22

UNZERTRENNLICHE ZWILLINGE

Zwei Wassertropfen genügen – und schon sind die Zwillinge unzertrennlich!

Siehe Seite 90: Zwilling 7a – 7b

BASTELMATERIAL

2 runde Glasscheiben, 9 cm ∅; 3-D-Wellpappe in Gelb und Grün; Tonkarton in Ocker und Rot; Marabufedern; Dekorlack in Schwarz und Weiß; schwarzer Filzstift; Kraftkleber; Schere; Lineal

VORLAGEN

Siehe Seite 90: Zwilling 7a – 7b

ANLEITUNG & VERSUCH

Für jeden Zwilling zwei Kreise aus 3-D-Wellpappe (9 cm ∅) ausschneiden und in der Mitte knicken; einmal Füße und zweimal einen Kopf aus Tonkarton ausschneiden. Je zwei Kopflagen aufeinanderkleben, dabei eine Feder als Haare mitfassen. Augen mit Dekorlack, einen Mund mit einem Filzstift aufmalen. Eine Wange aus Tonkarton aufkleben. Die Füße am Ansatz zusammenkleben und nach außen knicken.
Jeweils die Hälfte eines Wellpappkreises auf die Hälfte eines anderen kleben. Den Hals und den Ansatz der Füße dabei miteinfassen. Die anderen beiden Hälften mit Kraftkleber auf einer Glasscheibe (9 cm ∅) fixieren.
Die Zwillinge Rücken an Rücken, das heißt Scheibe an Scheibe stellen. Noch lassen sie sich

Wie kann Wasser Dinge zusammenkleben?

? **Haare und Sand, Wolle und Staub – viele Dinge verhalten sich im trockenen Zustand anders als dann, wenn man sie feucht oder naß macht. Zwischen trockenen Haaren befinden sich Luftteilchen, zwischen nassen Haaren Wasserteilchen. Die Wasserteilchen haften gerne aneinander, und dabei kleben sie auch die Haare zusammen. Wenn wir schwitzen, klebt das nasse Hemd auf der Haut: Der Schweiß (der hauptsächlich aus Wasser besteht) befeuchtet die Fasern des Stoffes, und die nassen Fasern haften an der nassen Haut.**
Wasser kann nicht nur kleine, leichte Sachen wie Haare oder die Fasern eines Hemdes zusammenkleben. Auch zwei feuchte Glasplatten haften aneinander.

leicht wieder trennen. Nun zwei bis drei Tropfen Wasser auf einer der Scheiben verreiben, die beiden Scheiben mehrmals gegeneinander ver-

Wenn wir die Scheiben befeuchten und aufeinanderlegen, verdrängt das Wasser die Luft dazwischen. Zwischen den Scheiben gibt es nur noch eine hauchdünne Wasserschicht. Auf den Außenseiten aber drückt das Gewicht der Luft und preßt die Scheiben zusammen. Wir können eine Glasscheibe anheben – die andere bleibt daran kleben.
Mit trockenen Glasscheiben funktioniert das nicht. Glas ist zwar glatt, aber niemals so glatt, daß zwischen den Scheiben nicht auch eine Luftschicht Platz hätte. Liegen zwei Scheiben aufeinander, ist der Luftdruck zwischen ihnen ebensogroß wie an den Außenseiten. Wenn wir die obere Platte ein wenig anheben, kann noch mehr Luft dazwischenströmen, die untere Scheibe bleibt liegen.

schieben – jetzt lassen sich die Zwillinge nicht mehr auseinanderziehen! (Sie können nur noch durch seitliches Verschieben getrennt werden.)

WASSERSPRITZEN

**Ganz freundlich sehen sie aus: der Frosch und der Clown.
Wer würde da vermuten, daß sie einen plötzlich naßspritzen?**

BASTELMATERIAL

Einwegspritzen aus Plastik; dünner Karton;
Moosgummi in verschiedenen Farben; Kleber;
Schere; Locher,

VORLAGE

Siehe Seite 90: Frosch 8; Clown 9

BASTELANLEITUNG

Motive auf Karton pausen und ausschneiden.
Diese Schablonen auf Moosgummi legen, die
Motive übertragen und ausschneiden. Die
einzelnen Elemente aufeinanderkleben.
Die Badehose des Frosches und die Fliege des
Clowns mit Locherpunkten aus Moosgummi
verzieren.
Ein kleines, unauffälliges Loch in den Mund
des Clowns und das Maul des Frosches bohren.
Hier die Spritzen von hinten durchstecken,
eventuell mit etwas Klebstoff fixieren.
Dann die Spritzen mit Wasser füllen — und
schon kann's losgehen.

SPIELIDEEN

1. Alle Mitspieler stellen sich nebeneinander auf.
Wer spritzt am weitesten? Wer zielt am besten?
2. In einer Reihe liegen mehrere Tischtennis-
bälle oder kleine Luftballons. Wer schafft es,
die Gegenstände von ihrem Platz zu spritzen?
Oder: Wer hat am schnellsten eine Reihe
brennender Kerzen ausgespritzt?

3. Die Kinder spielen in zwei Gruppen. Ein
Kind jeder Gruppe hat eine Wasserspritze. Auf
ein Zeichen hin ziehen die Kinder an einer
„Tankstation" Wasser in ihre Spritzen, laufen
zu einem Becher, spritzen das Wasser dort
hinein und kehren an den Start zurück, wo
das nächste Kind bereits wartet. Welche Gruppe
hat den Becher zuerst gefüllt?

Warum kann Wasser so toll spritzen?

 Wasser läßt sich nicht zu-
sammenpressen, sondern
nur verdrängen. Unter Druck
sucht sich Wasser sofort einen
Ausweg. Und weil es dabei in jede
beliebige Richtung und auch durch
enge Stellen fließt, kann man mit
einer Wasserspritze so toll und so
weit spritzen.
Wir füllen die Spritze und schieben
den Kolben ein Stück weit vor. Jetzt
fließt genau die Menge Wasser durch
die Düse, die wir mit dem Kolben
vorwärts gedrückt haben. Weil aber
die Düse so eng ist, müssen sich all
die vielen winzigen Wasserteilchen
mit großer Geschwindigkeit durch-

quetschen. Ihr Schwung trägt sie
weit weg: sie spritzen als Wasserstrahl durch die Gegend. Je stärker
und schneller wir drücken, desto
schneller saust das Wasser durch die
Düse, und desto weiter reicht der
Strahl.
Wasserspritzen sind nützlich, wenn
Wasser ein Stück weit durch die Luft
befördert werden muß — zum Beispiel
zu einem brennenden Haus. Bei Feuer-
wehrspritzen wird der Wasserdruck
durch eine Maschine erzeugt. Mit
großer Kraft drückt sie auf der einen
Seite Wasser in den Schlauch, auf
der anderen Seite spritzt ein kräftiger
Wasserstrahl heraus.

WASSERWEITSPUCKER

**Füllt man Wasser in die Flasche, fangen die Wasserspucker an zu spucken.
Wer spuckt wohl am weitesten?**

BASTELMATERIAL

Plastikflasche; Moosgummi in Rot, Gelb, Schwarz und Hautfarbe, 1 mm stark; Marabufedern; Dekorlack in Weiß und Schwarz; Klebstoff; dicke Nähnadel; Schere; Locher

VORLAGEN

Siehe Seite 90: Wasserspucker 10

Wer spuckt am weitesten?

? Wasser fließt immer so weit wie möglich nach unten, und die Kraft, die es zur Erde zieht, ist die Schwerkraft. Auch wenn Wasser nicht weiter nach unten fließen kann, zum Beispiel im Meer oder in einer Flasche, wird es von seinem Gewicht hinabgezogen. Wasser, das weiter unten im Meer oder in der Flasche ist, muß dabei noch das Gewicht aller Wasserteilchen tragen, die darüber sind. Je weiter unten die Wasserteilchen sind, desto mehr Druck lastet auf ihnen. Und sie schießen mit größerer Geschwindigkeit ins Freie, wenn

sie nur können! Das sieht man gut an den Spritzlöchern unserer Flasche. Unten spritzt das Wasser weiter, weil der Druck, der es aus der Flasche treibt, größer ist als weiter oben. Wenn der Wasserdruck in dieser kleinen Flasche unten schon so zunimmt, wie muß er dann in der Tiefe der Meere sein! Auf einem Unterseeboot zum Beispiel lasten ungeheure Wassermassen. Deshalb braucht es auch Wände, die ganz besonders stark sind. Und Tiefseefische? In ihrem Körper haben sie selbst so viel Druck, daß ihnen der Druck von außen nichts ausmacht.

BASTELANLEITUNG

Mit einer dicken Nähnadel zwei gleich große Löcher in eine Plastikflasche bohren: 4 cm vom Boden entfernt und 5 cm darüber.
Zwei Gesichter aus Moosgummi ausschneiden, Mundöffnungen mit einem Locher ausstanzen. Die Gesichter schräg auf die Flasche kleben, so daß die Löcher der Flasche in Höhe der Mundöffnungen liegen; dabei jeweils eine kleine Feder als Haare mitfassen. Nasen aus Moosgummi ankleben, Augen aufmalen.
Die Körper jeweils zweifach aus Moosgummi ausschneiden, zusammenkleben, und dabei Füße aus schwarzem Moosgummi mit einkleben.
Die Körper nur im Brustbereich an der Flasche ankleben. Je eine Hand aus schwarzem Moosgummi fixieren.

SPIELIDEEN

Die Mundöffnungen mit zwei Fingern zuhalten, und die Flasche mit Wasser füllen.
Wer spuckt weiter? (Sollte einer nicht sofort spucken wollen, mit einer Nähnadel nachhelfen!)
1. Je zwei Kinder spielen zusammen. Eines hält eine Wasserspuckerflasche, das andere fängt mit einem Becher oder einer Plastikflasche (Mindestabstand festlegen) möglichst viel Wasser auf. Dabei legen beide eine vorher festgelegte Strecke zurück.
2. Alle Wasserspucker stehen an der Tischkante. Je zwei Kinder spielen zusammen: Mit einem Becher soll das Wasser aus einer Flasche aufgefangen und gleich wieder eingefüllt werden. Welche Wasserspucker spucken am längsten? Am Kinn herabrinnendes Wasser gilt nicht mehr.

SPIEL & SPAß MIT WASSER

Rühr mich nicht an

Ort: Wasserbecken

Alle Mitspieler bilden einen Kreis und halten sich an den Händen fest. In der Mitte befindet sich ein Schwimmtier oder ein Ball. Die Spieler versuchen gleichzeitig, das Schwimmtier oder den Ball mit dem Körper von sich weg zu bewegen — zu einem anderen Spieler hin. Wer von dem Schwimmtier oder dem Ball berührt wird, muß ausscheiden.

Das Spiel wird um so schwieriger, je weniger Spieler daran teilnehmen.

Wasserkarussell

Ort: Wasserbecken

Die Spieler bilden einen Kreis und fassen sich an den Händen. Sie laufen, so schnell sie können, in eine Richtung.

Jeder zweite Spieler legt sich mit den Füßen zur Mitte auf den Rücken und darf Karussellfahren. In der nächsten Runde wird gewechselt. Auch die Richtung kann immer wieder mal geändert werden.

Wasserpostbote

Ort: Wasserbecken

Jedes Kind, das als Bote mitschwimmen oder mitlaufen will, bekommt einen mit Tinte beschrifteten oder bemalten Zettel. Dieser soll unbeschädigt übers Wasser befördert werden. Wird der Zettel naß, verläuft die Tinte, die Botschaft wird unleserlich.

Die Boten legen je nach Alter eine bestimmte Strecke im Wasser schwimmend oder gehend zurück.

Wer ist zuerst mit einer leserlichen Botschaft am Ziel?

Wer kann die Strecke am häufigsten zurücklegen, ohne daß die Botschaft „verläuft"?

Perlentaucher

Ort: Wasserbecken

• Plastikkapseln (Filmdöschen, Hülsen von Schokoladeneiern ...) mit unterschiedlich vielen Steinchen füllen und dann ins Wasser werfen. Nichtschwimmer suchen im flachen Wasser danach, Schwimmer müssen richtig tauchen. Nach dem ersten Tauchgang dürfen die Kinder die „Muscheln" öffnen und die „Perlen" zählen. Dann die Kapseln noch ein zweites und ein drittes Mal mit unterschiedlich vielen Steinchen füllen.

Wer hat am Schluß die meisten Perlen?

• Steine zunächst, damit man sie besser sehen kann, in Staniolpapier wickeln. Dann im Wasser versenken. Wer holt in drei Tauchgängen die meisten „Schätze" herauf?

Wird dieses Spiel bei einem Fest gespielt, können die Steine am Schluß gegen Kaugummis oder Knabbereien eingetauscht werden.

Der Esel auf der Brücke

Ort: schmaler, kleiner Bach, Pfütze, Badewanne, Wasserschüssel

Zunächst zwei Stöcke mit Schnur nebeneinanderbinden und über einen kleinen, schmalen Bach legen. Das ist eine Brücke. An dem einen Ufer einen runden Stein auf die beiden Brückenstöcke legen. Das ist ein Esel, der mit einem Stock über die Brücke getrieben werden soll. Dabei heißt es vorsichtig sein. Stößt man zu fest, fällt der Esel ins Wasser.

Wer schafft es in der kürzesten Zeit, den Esel über die Brücke zu treiben?

Das Spiel eignet sich auch für Pfützen.

Schwimmende Insel

Ort: kleiner Bach, Teich, Badewanne
Ein Stück Rinde wird zu einer schwimmenden Insel. Wenn man ein Loch in den Rand bohrt und eine Schnur durchzieht, kann man die Insel am Ufer befestigen und verhindern, daß sie fortschwimmt.
Die Insel mit Moos begrünen.
Nun kann damit gespielt werden. Steine mit Gesichtern werden zu Männchen. Aber auch kleine Plastikfiguren leben gern auf der Insel ...

Schwimmt's oder sinkt's?

Ort: Planschbecken, Badewanne, Wasserschüssel
• Die Kinder gehen drinnen und draußen auf die Suche nach Dingen, die schwimmen können. Gleich anschließend wird ausprobiert, was tatsächlich schwimmt.
Dabei kann es wichtig sein, die Dinge vorsichtig aufs Wasser zu setzen.
• Vor den Kindern liegen alle möglichen kleinen Gegenstände: Dinge, die auf dem Wasser schwimmen, andere, die ganz bestimmt untergehen, und welche, die schwimmen, wenn man sie vorsichtig aufs Wasser legt.
Der Reihe nach darf sich nun jedes Kind einen der Gegenstände aussuchen und ihn aufs Wasser setzen. Schwimmt er, gibt es dafür einen Punkt.
Wer hat nach mehreren Runden die meisten Punkte?

Im trüben fischen

Ort: Pfütze, Planschbecken, Wanne
Zunächst aus einem starken Magneten, etwas Draht, einem Stock und einer Schnur eine Magnetangel basteln. Dann gehen die Kinder auf die Suche nach Dingen, die sich mit einer Magnetangel angeln lassen: zum Beispiel Zehn-Pfennig-Stücke, Flaschenverschlüsse, selbstgemachte Fische oder Wertmünzen aus Metallfolie, Büroklammern ... Die Dinge in eine Pfütze – oder auch in eine Wasserschüssel – werfen. Dann darf geangelt werden.
• Jeder kann so lange angeln, bis die anderen Spieler auf zehn oder zwanzig gezählt haben. Wer hat am meisten geangelt? Wer hat die meisten Geldstücke erwischt?
• Die Kinder können auch mit verbundenen Augen angeln. Dann spielen das Gehör und der Tastsinn eine ganz wichtige Rolle.

Wasserwaage

Ort: flaches Schwimmbecken, Planschbecken, Seeufer, Badewanne
Etwa zwanzig Filmdöschen oder andere Plastikkapseln mit Gewichten (Sand, Steine) füllen. Jeweils zwei sollen das gleiche Gewicht haben. Die Gewichte zwischen den verschiedenen Paaren sollten möglichst unterschiedlich sein. Die Döschen in flaches Wasser legen.
Auf ein Startzeichen hin nimmt der erste Spieler zwei Döschen und versucht, sie unter Wasser in seinen Händen zu wiegen. Glaubt er, zwei gleich schwere gefunden zu haben, darf er sie aus dem Wasser nehmen. Er prüft sie jetzt noch einmal, stellt sie ab und sucht weiter.

Nach der vereinbarten Zeit wird kontrolliert, ob er richtig gewogen hat.
Wer findet die meisten Paare?
Es können sich auch jeweils zwei oder mehr Spieler gleichzeitig auf die Suche machen. Wer findet zuerst ein Paar?

Schneeball & Wasserball

Ort: Schnee
• Die Kinder bilden zwei Gruppen. Jede Gruppe legt sich einen Vorrat an Schneebällen zu. Im Abstand von sechs bis acht Metern zwei Linien ziehen. Die Gruppen stehen hinter den Linien, zwischen den Linien liegt ein mit Wasser gefüllter Ballon.
Nun versucht jede Gruppe, den Wasserballon mit Schneebällen über die gegnerische Linie zu treiben.
Welcher Gruppe gelingt es am häufigsten?
• Zwei Kinder treten gegeneinander an. Jedes versucht, einen Wasserballon mit Schneebällen vorwärtszutreiben.
Wer kommt am weitesten? Oder wer ist am schnellsten im Ziel?

FEUER

FEUER MIT DEN SINNEN ERLEBEN

Feuer spüren

Ein Feuer in der Nähe spüren wir auch mit geschlossenen Augen. Das Feuer strahlt Hitze aus, und die Wärmestrahlen erwärmen die Haut. Die Wärme des Feuers durchdringt den ganzen Körper. Je größer die Flamme ist, und je näher wir ihr kommen, desto stärker wird die Hitze. Die Wärme eines Feuers kann sehr angenehm sein. Doch Feuer ist auch gefährlich. Seine Hitze kann die Haut verbrennen. Der Schmerz warnt uns davor, in eine Flamme zu greifen oder einen heißen Gegenstand anzufassen. Und wenn das trotzdem passiert, zucken wir sofort zurück oder lassen den heißen Kochtopf fallen, ob wir wollen oder nicht. Der Schmerz befiehlt uns, die Hand wegzuziehen oder loszulassen, noch bevor wir darüber nachdenken können. Manchmal spüren wir die Hitze eines Feuers auch dann, wenn es ganz woanders brennt. Ein Heizkörper ist dafür ein Beispiel. Hier fließt nur heißes Wasser durch die Rohre. Dieses

Wasser ist in einem Heizungskessel im Keller oder in einem weiter entfernten Heizwerk aufgeheizt worden. Hier wird Gas, Heizöl oder Kohle verbrannt, um das Wasser zu erhitzen. Das heiße Wasser wird dann durch die Rohrleitungen und durch die Heizkörper gepumpt. Früher war das anders. Da hatten die meisten Wohnungen einen Herd in der Küche, der mit Holz oder Kohle befeuert wurde. In einem Herd war das Feuer eingesperrt. Doch es machte den Herd so heiß, daß er den ganzen Raum erwärmte.

Der Rauch zog durch ein Kaminrohr und durch einen Rauchfang ab. Noch früher gab es in den Häusern und Hütten nur ein offenes Feuer im Kamin oder in der Mitte der Hütte.

Erste Versuche: • Zunächst Körperwärme spüren. Sich gegenseitig die Hände auf die unbekleideten Arme legen. Sind die Hände warm oder kalt? Sich kräftig die Hände reiben, bis sie warm werden.

• Ein Kind zieht einen Handschuh über, bis dieser Körperwärme angenommen hat. Ein zweites Kind muß den getragenen Handschuh aus einer Reihe anderer herausfinden. Entsprechend einen Stuhl vorwärmen und „erfühlen" lassen.

• Sonnenwärme spüren, auf der Haut, aber auch auf verschiedenen Dingen. Welcher Stein lag in der Sonne, welcher nicht? Welcher Becher mit Wasser stand in der Sonne?

• Sich an einem Ofen wärmen.

• Die Hand vorsichtig einer brennenden Kerze nähern. Was spürt man?

• Wer sich schon einmal verbrannt hat, erzählt, wie es passiert ist, wie weh es tat ...

• Sich um ein Feuer herum setzen. Und mit geschlossenen Augen die Wärme des Feuers wahrnehmen.

Feuer sehen

Wenn eine Kerze in der Dunkelheit brennt, sehen wir nicht nur die Kerzenflamme. Wir sehen auch die Dinge in der Umgebung des Kerzenscheins. Das Feuer sendet Lichtstrahlen aus. Einen Teil der Strahlen nehmen wir direkt wahr – das ist die Flamme, die wir sehen. Ein anderer Teil der Lichtstrahlen fällt auf die Gegenstände ringsherum. Sie werden beleuchtet, und wir können sie deshalb sehen.

Alles, was von selbst leuchtet, ist auch heiß: Das Feuer im Ofen oder im Kamin, die Flamme der Kerze, der Glühdraht in der Glühbirne und mit ihr die ganze Glühbirne, der vor Hitze glühende Draht im Toaster und natürlich die Sonne am Himmel.

Doch nicht alle heißen Dinge leuchten auch. Die Herdplatte kann so heiß sein, daß sie uns die Finger verbrennt, und trotzdem bemerken wir die Hitze erst, wenn wir ihr nahe kommen.

Erste Versuche: • Beobachten, wie jemand eine Kerze anzündet. Was kann man dabei alles sehen?

• Mit den Kindern um eine Kerze oder um ein Feuer herum sitzen. In die Flamme oder in die Glut schauen. Was sieht man? Wie bewegen sich die Flammen? Welche Veränderungen lassen sich beobachten?

• Und welche Veränderungen kann man in der Umgebung sehen, wenn man eine Kerze anzündet?

• Die Kinder malen ein Feuer. Dazu dürfen sie auch verkohlte Holzteilchen nehmen.

Feuer riechen

Eine Flamme besteht aus Licht und Hitze und hat keinen Geruch.

Trotzdem kann man Feuer oft riechen. Ein Holzfeuer zum Beispiel können wir sehr deutlich riechen. Die Hitze löst unsichtbar kleine Teilchen aus dem Holz. Sie schweben mit der heißen Luft im Rauch hoch, verteilen sich und gelangen in unsere Nase.

Wir riechen nicht das Feuer selbst, sondern die Duftteilchen, die beim Verbrennen in die Luft gelangen.

Da verschiedene Dinge verschieden zusammengesetzt sind, riechen sie beim Verbrennen auch verschieden. Der Geruch von Feuer kann angenehm sein, zum Beispiel wenn Hölzer brennen, die duftende Öle enthalten.

Manchen Kerzen oder auch Räucherstäbchen fügt man extra Duftstoffe hinzu, die beim Verbrennen einen angenehmen Geruch in der Luft verbreiten.

Am besten kennen wir wahrscheinlich den Brandgeruch von Pflanzen – von Holz, Laub oder Heu. Solch einen Geruch können wir auf weite Entfernungen wahrnehmen.

Manche Dinge riechen auch sehr unangenehm, zum Beispiel das Fett in der Bratpfanne, wenn es zu heiß geworden ist und zu brennen beginnt. Das qualmt und stinkt, ist aber nicht besonders giftig.

Aber wenn Kunststoffe verbrennen oder verschmoren, können giftige Gase entstehen. Deshalb darf man Plastik nicht ins Feuer werfen. Nicht nur, weil es erbärmlich stinkt, sondern weil dabei auch Gift in die Luft gelangen kann.

Erste Versuche: • Duftkerzen oder Räucherstäbchen anzünden. Den Duft mit geschlossenen Augen wahrnehmen. Verschiedene Düfte unterscheiden.

• Bei einem offenen Feuer auf den Geruch achten.

• Wer hat schon einmal gerochen, daß etwas anbrennt, brennt oder verbrennt?

Feuer hören

Wenn Holz verbrennt, dann trocknet es vorher aus. Das Wasser, das im Holz eingeschlossen ist, verdunstet. Manchmal zischt es sogar. Beim Trocknen zieht sich das Holz zusammen, und wir hören ein Knacken.

Ein großes Feuer hören wir rauschen. Dieses Rauschen kommt von der Luft, die vom Feuer angezogen und erhitzt wird. Sie steigt auf und erzeugt einen kleinen Wind.

Erste Versuche: • Ganz still zuhören, wenn jemand eine Kerze anzündet. Was kann man hören?

• Einem Feuer lauschen. Welche Geräusche lassen sich wahrnehmen?

33

DAS ELEMENT FEUER BEGREIFEN

Warum ist Feuer heiß?

Wenn ein Stück Holz verbrennt, verbinden sich die meisten Teilchen, aus denen das Holz besteht, mit dem Sauerstoff in der Luft. Das Holz verwandelt sich jetzt in etwas anderes — nämlich in Abgase und in Asche. Die Asche enthält die unbrennbaren Stoffe.

Das Feuer schickt dabei Strahlen aus, die wir auf zwei verschiedene Arten wahrnehmen: Wir nehmen sie auf der Haut als Wärme wahr und mit den Augen als Licht. Wärmestrahlen und Lichtstrahlen sind Energie.

Die Energie, die in einem Holzfeuer steckt, ist so groß wie die Energie, die der Baum einst dem Sonnenlicht entnommen und zum Aufbau seines Holzes (aus Wasser, Luft, Nährstoffen) verwendet hat. Die Hitze des Feuers ist also Sonnenenergie, die zu Lebzeiten des Baums in seinem Holz gespeichert war. Beim Verbrennen verwandelt sich diese Energie in Hitze und in Licht. Deshalb gibt es kein kühles Feuer.

Welche Dinge können brennen?

Fast alle brennbaren Stoffe stammen von Pflanzen oder Tieren: Holz, Heu, das aus Pflanzenfasern hergestellte Papier, Fett, Öl und Wachs. Sie alle wurden von Lebewesen aufgebaut und haben einen hohen Brennwert.

Auch Kohle ist ein Pflanzenprodukt. Vor Millionen Jahren wurden abgestorbene Wälder von Felsen und Erde bedeckt. Sie konnten nicht verrotten. Und unter dem Druck mächtiger Erdschichten verwandelten sich die Überreste der Pflanzen in Kohle. Erdöl und Erdgas sind auf ähnliche Weise entstanden — aus den Überresten von Tieren, die einst auf der Erde gelebt haben und dann von Schlamm und Gestein bedeckt wurden.

Andere Stoffe können überhaupt nicht brennen. Steine zum Beispiel können in einem Kohlefeuer zum Glühen gebracht werden, und wenn es heiß genug ist, schmelzen sie auch. Doch sie verbrennen nicht, weil sich die Teilchen, aus denen sie bestehen, mit dem Sauerstoff in der Luft nicht verbinden können. Und Feuer kann es nur geben, wenn sich etwas mit Sauerstoff verbindet. Feste Stoffe wie Papier, Holz oder Kohle können brennen, aber auch Flüssigkeiten wie Heizöl oder Gas, zum Beispiel Erdgas. Manche feste Stoffe verwandeln sich zuerst in eine Flüssigkeit, bevor sie brennen. Das Wachs der Kerze schmilzt, sobald wir den Docht anzünden. Das flüssige Wachs steigt im Docht hoch und verbrennt in der Flamme.

Warum steigen Flammen nach oben?

Flammen zeigen immer nach oben. Beim Brennen entsteht Wärme, und warme Luft strömt nach oben. Sie zieht die Flamme mit hoch. Deshalb muß man ein Lagerfeuer immer von unten anzünden. Die Flammen züngeln hoch und setzen das oben liegende Holz in Brand. Es dauert viel länger, bis sich ein Feuer von oben nach unten frißt. Wenn man aber ins Feuer bläst, dann läßt nicht nur die frische Luft die Flammen auflodern. Der Luftstrom lenkt die Flammen auch zur Seite und nach unten, und sie erfassen den Brennstoff daneben und darunter.

Wann werden Dinge heiß?

Nicht nur bei Feuer entsteht Hitze.

• Auf einfache Weise können wir spüren, daß auch Reibung Hitze erzeugt. Wir müssen nur die Hände fest aneinanderreiben, und schon werden sie warm. Beim Reiben werden die unsichtbar kleinen Teilchen, aus denen die Hautzellen bestehen, in Bewegung versetzt, und die Bewegung dieser kleinen Teilchen macht die Haut warm.

Das gleiche passiert bei anderen Stoffen: Wer mit seinem Fahrrad einen Berg hinunterfährt und immer bremst, wird bald sehr heiße Bremsen haben. Denn die Bremsen reiben an den Reifen; dabei werden die winzigen Teilchen, aus denen Bremsen und Reifen bestehen, in Bewegung versetzt. So entsteht Hitze.

• Auch wenn man etwas stark zusammendrückt, wird es heiß. Wenn wir einen Reifen aufpumpen, bemerken wir, wie der Kolben der Luftpumpe warm wird. Im Kolben wird Luft zusammengepreßt, die dann durch den Schlauch in den Reifen befördert werden soll. Die Luftteilchen haben weniger Platz und stoßen stärker und schneller aneinander und gegen die Wand des Kolbens — er erwärmt sich.

In der Hitze, die durch den großen Druck im Inneren der Erde erzeugt wird, haben sich in der Urzeit auch viele Gesteine geformt. Sie wurden so heiß, daß sie schmolzen und sich miteinander zu neuen Gesteinsarten verbanden.

• Manche Stoffe kann man dadurch aufheizen, daß man elektrischen Strom durch sie schickt. Das funktioniert nur bei Stoffen, die Strom leiten können, zum Beispiel bei Metall. In einem Stromkreis fließen winzige Teilchen (namens Elektronen) durch einen Draht. Dabei treffen sie auf Metallteilchen, die Widerstand leisten. Die Metallteilchen werden herumgestoßen, sie bewegen sich schneller und schneller, und der Draht wird heiß. Der feine Draht in einer Glühlampe wird so heiß, daß er glüht — die Glühlampe brennt.

• Wärme kann auch direkt von einem Gegenstand auf einen anderen übertragen werden — zum Beispiel von einer heißen Wärmeflasche auf kalte Füße. Sie fließt immer von einem wärmeren Ding zu einem kühleren. Und zwar fließt sie so lange, bis beide Dinge gleich warm sind. Wir bekommen warme Füße, und die Wärmeflasche kühlt aus. Umgekehrt funktioniert das natürlich genauso: Wenn die Wärmeflasche eiskalt ist, verlieren die Füße Wärme und werden kälter, dafür wird die Flasche wärmer.

Wie wärmt uns die Sonne?

Die wichtigste Energiequelle für das Leben auf der Erde ist die Sonne. Ihre Strahlen nehmen wir als Licht mit den Augen und als Wärme mit den Temperaturfühlern in der Haut wahr. Im Inneren der Sonne herrscht ein so unvorstellbar großer Druck, und es ist so heiß, daß bestimmte Atome mit anderen Atomen zusammengebacken werden. Dabei entstehen gewaltige Mengen von Energie. Sie heizen das Innere der Sonne weiter auf und senden Strahlen aus. Sonnenstrahlen durcheilen den leeren Weltraum ebenso leicht wie die Luft. Einen festen, undurchsichtigen Gegenstand können sie jedoch nicht durchdringen. Wenn sie zum Beispiel auf die Haut auftreffen, verwandeln sich ihre Strahlen in Wärme — die Haut erwärmt sich, auch das Blut unter der Haut wird warm, und die Sonnenwärme wird in alle Teile des Körpers befördert.

Doch Sonnenstrahlen bringen nicht nur Wärme und Licht. In ihren Strahlen stecken auch Teile, die wir zuerst weder sehen noch spüren: Das sind die ultravioletten Strahlen, die bei einem Sonnenbad die Haut bräunen. Zuviel ultraviolette Strahlen zerstören jedoch die oberen Schichten der Haut und erzeugen einen Sonnenbrand.

Warum ist uns Menschen von innen her warm?

Auch manche Lebewesen erzeugen Wärme, nämlich Vögel und Säugetiere — und natürlich Menschen. Wenn wir etwas essen, werden die Nahrungsteilchen im Magen und im Darm verdaut und in immer kleinere Teilchen umgewandelt. Schließlich bleiben Fett und Zucker übrig; sie werden mit dem Blut überallhin in den Körper transportiert. In den Zellen verbinden sich die mit dem Blut herangeschafften Nährstoffe mit dem Sauerstoff, den wir einatmen und der auch mit dem Blut befördert wird. In den vielen Milliarden Zellen unseres Körpers brennen ständig winzige Feuerchen — nicht so heiß wie richtige Flammen, aber warm genug, um das Blut zu erwärmen. Warmes Blut, das durch den Körper kreist, hält den Körper auf der richtigen Temperatur — wir Menschen sind Warmblütler.

Wenn wir uns sehr anstrengen und wenn die Muskelzellen stark arbeiten müssen, zum Beispiel beim Laufen, verbrauchen sie mehr Brennstoff, und uns wird heiß.

Vögel und Säugetiere, die warmblütigen Lebewesen also, können sich von innen her aufheizen und bleiben auch dann warm, wenn es draußen kälter ist. Vögel haben ein Federkleid, Schafe und Katzen ein Fell, und wir Menschen tragen Kleider, um die selbsterzeugte Wärme im Körper zu halten.

Andere Lebewesen sind wechselwarm. Schlangen, Frösche und Insekten sind immer genauso warm wie die Luft oder das Wasser draußen oder der Stein, auf dem sie liegen. Wenn es kalt wird, kühlen auch diese Tiere aus und werden steif.

FEUERFRESSERCHEN

In einem Glas brennt ein kleines Licht. Doch kaum macht es sich das Feuerfresserchen auf dem Glas gemütlich, hat es auch schon die Flamme aufgefressen.

BASTELMATERIAL

Bierdeckel; Alufolie; Tonkarton in Gelb; Tonpapier in Schwarz und Weiß; Bananenpapier in Orange; Glas; Teelicht; Streichhölzer; Kleister; Klebestift; Schere

VORLAGEN

Siehe Seite 90: Feuerfresserchen 11

BASTELANLEITUNG

Einen Bierdeckel auf einer Seite mit Alufolie bekleben (Kleister).

Für die andere Seite einen Kreis aus gelbem Tonkarton fertigen. Eine Mundöffnung aus dem Tonkarton herausschneiden, auf der Rückseite Zähne aus Tonpapier und eine Flamme aus Bananenpapier ankleben, dann den Mund mit schwarzem Tonpapier hinterlegen.

Das Gesicht auf den Bierdeckel kleben. Augen und Wangen, eine Nase sowie Haare in Flammenform aus Bananenpapier fixieren. Pupillen aus schwarzem Tonpapier befestigen.

Wann geht eine Flamme aus?

? Es gibt verschiedene Möglichkeiten, eine Flamme zu löschen. Eine Kerze kann man zum Beispiel auspusten. Der Luftstrom weht die Flamme weg. Gleichzeitig kommt so viel kühle Luft zum Docht und zum Wachs, daß beides abkühlt.

Erwachsene nehmen eine Flamme manchmal auch zwischen zwei feuchte Finger. Die Hitze der Flamme läßt zuerst das Wasser auf der Haut verdunsten. Dies nimmt dem Docht so viel Hitze, daß er die Finger nicht mehr verbrennen kann. Gleichzeitig erstickt die Flamme zwischen den Fingern. Ein großes Holzfeuer kann man so natürlich nicht löschen. Wir haben viel zuwenig Puste, um es auszublasen, wir würden die Flammen höchstens anfachen. Da hilft Wasser. Wenn man Wasser in ein Feuer spritzt oder schüttet, zischt es, und Wasserdampf steigt in die Luft. Nun ist das Holz zu kühl, um brennen zu können. Um wieder heiß genug zu werden, muß es zuerst trocknen.

Es gibt aber noch eine andere Möglichkeit, eine Flamme zu löschen. Man sorgt dafür, daß sie keine frische Luft bekommt – dann wird sie schwächer und schwächer, bis sie schließlich erstickt und ausgeht. Ohne den Sauerstoff, der in der Luft ist, kann kein Feuer brennen. Wenn wir unser Feuerfresserchen auf das Glas mit der Flamme schieben, wird diese sofort kleiner. Die Flamme verbraucht den letzten Rest Sauerstoff und erlischt. Etwas Ähnliches geschieht, wenn man einen Eimer Sand über ein Lagerfeuer schüttet. Wenn der Sand das Brennholz bedeckt, ist das Feuer von der Luft abgeschnitten und geht sofort aus.

VERSUCH

Ein Teelicht anzünden und in die Mitte eines Glases stellen. (Das Licht sollte von einem Erwachsenen ins Glas gestellt werden!)
Die Öffnung mit dem Feuerfresserchen abdecken. Die Flamme erlischt nach wenigen Sekunden.
Oder das Feuerfresserchen langsam über die Öffnung schieben und die Flamme dabei beobachten . . .

SPIELIDEE

Für dieses Spiel ein etwas anderes Feuerfresserchen herstellen:
Einen Bierdeckel ganz mit Alufolie umwickeln, mit Löchern versehen – zum Beispiel Augen, Nase und Wangen lochen. Zusätzlich benötigt man Pfennige, mit denen die Löcher später abgedeckt werden können.
Den Deckel auf ein höheres Glas mit einem brennenden Teelicht legen.
Nun wird reihum gewürfelt. Bei jeder Sechs wird ein Loch abgedeckt. Bei wem erlischt die Kerze?

FEUERAFFEN

Auf den Lianen sitzen Affen. Stellt man Kerzen darunter, schaukeln die Affen munter auf den Lianen hin und her.

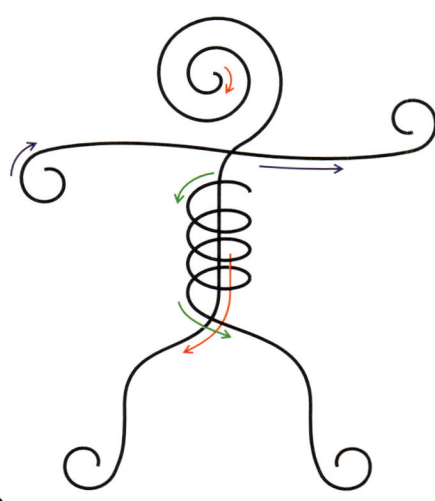

BASTELMATERIAL

Fotokarton in Grün; Biegeplüsch in Dunkelbraun und Hautfarbe; je 2 Holzperlen, 3 mm Ø; 3 Kerzen; Perlonfaden; Heißkleber; Schere

BASTELANLEITUNG

Lianen aus grünem Fotokarton herstellen: Jeweils einen Kreis, 10,5 cm Ø, von außen nach innen spiralförmig einschneiden (Breite der Streifen 1 cm). Blätter aus Fotokarton so aufkleben, daß sie einmal nach innen, einmal nach außen zeigen.

Einen Perlonfaden an einem Ende verknoten und von unten durch den Mittelpunkt der Spirale fädeln.

Affen aus Biegeplüsch anfertigen: Körper und Kopf aus drei Stücken biegen (Zeichnung). Biegeplüsch-Schnecken, 1,3 cm Ø, als Ohren ankleben. Ein Maul aus hautfarbenem Plüsch, 1,5 cm Ø, anbringen. Zwei Holzperlen bilden die Augen.

Die Affen so in den Lianen befestigen, daß diese möglichst im Gleichgewicht bleiben.

Hängt man die Lianen mit den Affen über einer Heizquelle — über einem Ofen oder über Kerzen — auf, beginnen sie zu schaukeln.

VERSUCH

Von der Decke hängen drei Lianen gleicher Größe, darunter stehen unterschiedlich hohe brennende Kerzen. Welche Liane, welcher Affe dreht sich wohl am schnellsten? (Versuch nur im Beisein eines Erwachsenen durchführen!) Man kann die Lianen aber auch an unterschiedlich langen Fäden über einer Heizung aufhängen.

Warum macht Feuer Wind?

? Ein Feuer erhitzt die Luft in der Umgebung, vor allem die Luft über der Flamme. Heiße Luft dehnt sich aus. Sie wird leichter als die kühlere Luft in der Umgebung und steigt daher auf. Es entsteht ein Luftstrom nach oben. In heißen Gebieten nennt man diesen nach oben wehenden Wind einen Aufwind. Sogar eine Kerzenflamme — oder auch eine Heizung — erzeugt einen leichten Aufwind. Der ist natürlich zu schwach, um einen Affen, der auf einer Papierliane über der Kerze oder der Heizung hängt, hochschweben zu lassen. Doch der Luftzug ist stark genug, um die Papierliane mit dem Affen zu drehen. Der Windhauch muß an den schiefen Flächen der spiralförmigen Liane vorbeifließen und setzt sie wie ein Windrad in Drehung. Je näher die Papierlianen an der Flamme oder der Heizung sind, desto stärker ist der Luftzug, desto schneller bewegen sie sich. Bei einem großen Feuer kann der Aufwind stark wie ein Sturm werden. Die heiße Luft strömt nach oben weg, unten fließt von der Seite her Frischluft zu, die das Feuer wie mit einem gewaltigen Blasebalg noch stärker anfacht. Der Feuersturm breitet sich immer weiter aus.

RÄUCHERDRACHE

Der Drache bläst gemütlich eine fein duftende Rauchwolke in die Luft. Das ist sein liebstes Hobby.

BASTELMATERIAL

Deckel einer Dose aus Metall; Korkplatte; Metallhülle eines Teelichtes; Räucherkegel; dünner Karton; Alufolie; Bananenpapier in Orange; Tonkarton in Braun und Beige; Plastiktrinkhalm; schwarzer Filzstift; Dekorlack in Schwarz; Klebeband; Kraftkleber; Klebestift; Schere

VORLAGEN

Siehe Seite 90: Drache 12a – 12b

BASTELANLEITUNG

Einen feuerfesten Behälter für einen Räucherkegel anfertigen: Einen Dosendeckel auf eine etwas überstehende Korkplatte kleben. In der Mitte des Deckels die Metallhülle eines Teelichtes festkleben. Den Räucherkegel hineinstellen.

Für den Drachen einen Halbkreis, Radius 12 cm, aus dünnem Karton schneiden und mehrmals über eine Tischkante ziehen, damit er sich leicht formen läßt. Die Innenseite ganzflächig mit Alufolie, die Außenseite mit Bananenpapier bekleben. In der Mitte der geraden Seite drei 5 mm lange Einschnitte anbringen, bevor der Halbkreis zum Kegel geklebt wird. Dann ein 5 cm langes Stück Trinkhalm von innen durch die Kegelspitze schieben. So mit Klebeband befestigen, daß vom Trinkhalm nur 1 cm im Inneren steckt.

Den Kopf zweifach aus braunem Tonkarton ausschneiden. An den Rückseiten Zacken aus Bananenpapier festkleben. Nasenloch und Mund an den Außenseiten mit Filzstift anzeichnen. Beigefarbene Tonkartonkreise mit Pupillen aus Dekorlack versehen und als Augen fixieren. Die beiden Teile des Kopfes aufeinanderkleben und in der Mitte jeweils nach außen wölben (am besten einen Pinselstiel im Inneren des Kopfes mehrmals von vorne nach hinten schieben). Den Kopf über den Trinkhalm stülpen.

Füße aus braunem Tonkarton und Rückenzacken aus Bananenpapier anfertigen. Die Zehenspitzen mit einem schwarzen Filzstift bemalen, und die Füße am unteren Rand des Körpers innen ankleben.

Den Räucherkegel anzünden, und den Drachen darüberstellen.

Warum raucht der Räucherdrache?

? **Nicht jedes Feuer raucht. Eine Gasflamme zum Beispiel verbrennt ohne Rauch, weil das Gas ganz und gar verbrennt** und keine kleinen Teilchen mit in die Luft schickt.

Aber bei einem Holzfeuer nimmt die aufsteigende Luft eine Menge winziger Teilchen wie Staub oder Asche mit hoch, die man mit dem Auge sehen kann. Das Feuer raucht.

Auch der Duft, den der Räucherdrache verbreitet, kommt von den winzigen Teilchen, die beim Verbrennen mit aufsteigen. Diesen Duft riechen wir bereits, wenn wir am Räucherkegel schnuppern, bevor wir ihn anzünden. Doch richtig stark wird der Duft erst, wenn das Feuer die Duftteilchen aus dem Räucherkegel löst und sie mit der aufsteigenden Luft im ganzen Zimmer verbreitet.

SPIELIDEE

Vier Kinder sitzen um einen Tisch, in der Mitte steht der qualmende Drache. Ein weiteres Kind spielt einen Meteorologen.

Der Meteorologe kündigt an: „Der Wind weht heute von Westen ..." Und das Kind, das im Westen sitzt, fängt sofort an zu blasen. Nun muß das Kind gegenüber den Satz vervollständigen: „... nach Osten."

Wer nicht schnell genug reagiert, gibt ein Pfand ab oder bekommt ein Drachenmal mit einem rußgeschwärzten Korken aufgetupft. Der Meteorologe bestimmt eine neue Himmelsrichtung. Wenn alle Kinder die Himmelsrich-

tungen auswendig kennen, dann werden die Plätze getauscht.
Spielen mehr Kinder mit, können die Nebenhimmelsrichtungen dazugenommen werden, was hohe Konzentration erfordert!

SCHWIMMKERZEN

Wasser löscht Feuer aus. Diese brennenden Kerzen schwimmen aber wie kleine Schiffchen auf der Wasseroberfläche.

BASTELMATERIAL

Wachsreste von Kerzen; Ausstechformen oder Muscheln; evtl. Alufolie; Kerzendochte; Dose; Kochtopf; Schüssel

BASTELANLEITUNG

Wachsreste in eine Dose geben. Einen Kochtopf zu einem Drittel mit Wasser füllen, und die Dose in den Kochtopf stellen. Erhitzen, bis das Wachs flüssig ist. Zwischenzeitlich den Boden und die Seitenteile von Ausstechformen mit Aluminiumfolie abdichten. Flüssiges Wachs in diese Formen oder in Muscheln füllen. Dochte in das noch flüssige Wachs stecken und halten, bis das Wachs etwas angehärtet ist.
Die Kerzen in eine Wasserschüssel setzen und anzünden.

Warum schmilzt Wachs bei Hitze?

Viele Dinge verändern ihre Form und ihre Eigenschaften, wenn man sie erhitzt oder einfriert. Wasser zum Beispiel kann zu Eis erstarren oder zu einem Gas verdunsten.

Wachs verändert sich bei anderen Temperaturen: Bei normaler Zimmerwärme ist es fest. Wenn wir es erhitzen, schmilzt es zu einer Flüssigkeit, so wie Eis zu Wasser schmilzt. Würde man das flüssige Wachs zum Kochen bringen, dann würde es sich in Dampf verwandeln.

Auch Eisen und sogar Steine kann man verändern. Wenn man sie stark genug erhitzt, verwandeln sie sich in eine glühende, leuchtende Flüssigkeit, und bei noch größerer Hitze würden Eisen und Steine sogar verdampfen.

Dies kommt durch die unsichtbar kleinen Teilchen, aus denen die Dinge bestehen. Man nennt sie Moleküle. Diese Teilchen sind ständig in Bewegung: Wenn Wachs kühl ist, bewegen sie sich nur langsam, das Wachs bleibt starr. Erhitzen wir es, schwingen die Teilchen sehr schnell hin und her und reiben sich aneinander. Die starre Verbindung der Wachsteilchen löst sich auf, das Wachs wird flüssig. Es fließt in die Form, die wir ihm geben. Lassen wir das Wachs nun auskühlen, verlieren die Moleküle an Fahrt. Sie finden wieder zusammen, das Wachs wird starr wie zuvor.

Wenn wir einen Docht in das noch flüssige Wachs gesteckt haben, umschließt ihn jetzt das kalte Wachs und hält ihn fest. Nun können wir die Kerze anzünden.

Die Kerzenflamme sitzt immer hoch oben am Docht. Doch brennt eigentlich nicht der Docht, sondern das flüssige Wachs. Die Flamme erhitzt nämlich das Wachs am oberen Ende der Kerze. Es schmilzt und verwandelt sich in eine brennbare Flüssigkeit. Der Docht saugt das heiße, flüssige Wachs auf, und es steigt nach oben zur Flamme – wo es verbrennt. Langsam brennt die Kerze tiefer, weil immer mehr Kerzenwachs schmilzt und an der Spitze des Dochts verbrennt.

42

LAGERFEUER

**Geheimnisvoll und gemütlich: ein Lagerfeuer für drinnen.
Und ganz ungefährlich.**

BASTELMATERIAL

Asthölzchen, ca. 35 cm lang; Transparentpapier in Rot und Gelb; Paketschnur; Taschenlampe(n)

BASTELANLEITUNG

Asthölzchen im oberen Drittel fest zusammenbinden. Rotes und gelbes Transparentpapier locker in Form einer Spitztüte auf den Boden stellen. Seitlich eine Öffnung lassen, durch die man eine Taschenlampe als Lichtquelle schieben kann. Die Hölzer zeltartig um das „Feuer" stellen. Eine Taschenlampe von der Seite hineinstrahlen lassen. Das Feuer eventuell durch mehrere Taschenlampen verstärken.

AKTIONEN

Die kalte, dunkle Winterzeit eignet sich sehr gut für Meditationen und Gespräche rund um Dunkelheit, Licht und Feuer. Auch ein künstliches, ungefährliches Feuer übt auf Kinder einen starken Reiz aus, insbesondere wenn es ringsumher recht dunkel ist. Leicht kann man sie mit solch einem Feuer zur Stille und zum Nachdenken führen; und sie anregen, über Dunkelheit, Licht und Feuer und ihre jeweiligen Empfindungen zu sprechen.
Hier zwei Vorschläge, wie man Kinder auf eine solche Meditation einstimmen kann:

● Gemeinsam in einem leicht abgedunkelten Raum die Feuerstelle betrachten: zunächst, wenn sie noch aus ist, und dann, wenn sie brennt. Der Raum kann jetzt noch weiter abgedunkelt werden. Mit Hilfe mehrerer Taschenlampen das Feuer stärker und schwächer werden lassen.

Warum glüht ein Glühbirne?

? In unserem Feuerchen brennt es nicht wirklich. Doch das rote Papier läßt das Licht der Taschenlampe rot durchscheinen – feuerrot. Und obwohl es keine Flammen gibt, wird die Glühbirne in der Taschenlampe – so wie jede Glühbirne – warm. In ihrem Inneren fließt Strom, der den feinen Draht zum Glühen bringt. Dabei wird ein Teil der Kraft, die im Strom steckt, in Licht verwandelt, ein anderer Teil in Wärme. Deshalb sollten wir Papier nie direkt über eine Glühbirne legen, es könnte zu heiß werden und brennen.
Fast überall, wo Licht erzeugt wird, entsteht auch Wärme: In der Sonne, in einer Glühbirne und natürlich im Feuer. Aber ein Ding muß schon sehr

● Der Raum ist abgedunkelt. Das Feuer brennt. Ruhige Musik läuft. Die Kinder kommen herein und setzen sich leise um das Feuer.
Ein Erwachsener erzählt eine Wintergeschichte. Oder man spricht über eine Geschichte, die jeder kennt, oder über ein gemeinsames Erlebnis.

heiß sein, um Licht auszusenden, das wir mit unseren Augen sehen können. Dies ist zum Beispiel der Fall, wenn im Toaster die Drähte glühen. Eigentlich brauchen wir bei einem Toaster nur die Hitze. Doch um Brot zu toasten, müssen die Drähte sehr heiß sein – so heiß, daß sie glühen und leuchten.
Bei manchen Dingen brauchen wir dagegen nur das Licht, das sie ausstrahlen. Obwohl Glühbirnen sehr heiß werden, nutzen wir sie nur, um damit Licht zu machen. Auch Kerzen und Fackeln zünden wir an, um es hell zu haben, und nicht, damit es warm wird. Die Sonne liefert uns beides, und wir können beides gut gebrauchen: ihr Licht und ihre Wärme.

LATERNE, LATERNE

**Bunte, leuchtende Laternen sorgen für eine gemütliche Stimmung.
Besonders an trüben Windertagen.**

ZWERGENLATERNE

BASTELMATERIAL

Offsetpapier in Weiß; Transparentpapier in Gelb und Rot; Tonpapier in Gelb; evtl. selbstklebende Sterne; Käseschachtel, 11,5 cm Ø; Klebstoff; Schere; Bleistift; Lineal

VORLAGEN

Siehe Seite 90: Zwerg 13

ANLEITUNG

Weißes Papier zu einem Rechteck von 37 x 9 cm schneiden und in 3,5 cm breite Ziehharmonikafalten legen.

Eine halbe Zwergenform so auf die oberste Faltschicht zeichnen, daß die Körpermitte an der einen Faltkante liegt. Die Zwergenform von dieser Kante her ausschneiden (Reihenschnitt).

Erneut weißes Papier, 37 x 6 cm, wie eine Ziehharmonika falten, die Faltenbreite beträgt dabei 7 cm. Das gefaltete Papier diesmal quer legen und an einer Längsseite Gräser einschneiden.

Gelbes Transparentpapier in beliebiger Höhe so zuschneiden, daß es später um eine Käseschachtel geklebt werden kann (in der Breite einen Kleberand zugeben).

Das Gras und die Zwerge auf dem Transparentpapier fixieren, nach Belieben selbstklebende Sterne anbringen.

Das gestaltete Transparentpapier am Rand der Käseschachtel befestigen, und die Seitenränder überlappend zusammenkleben.

Rotes Transparentpapier um die Laterne kleben. Am oberen Rand auf der Innenseite zur Stabilisierung einen 2 cm breiten gelben Tonpapierstreifen fixieren.

Warum sehen wir Farben nur im hellen Licht?

? **In der Nacht, so sagt man, sind alle Katzen grau. Natürlich stimmt das nicht wirklich. Sie sind ebenso schwarz oder grau oder rötlich wie am Tag. Doch Farben können wir nur sehen, wenn es hell genug ist. Bei schlechtem Licht sehen wir die Dinge der Welt in Schwarzweiß oder einer Mischung daraus, nämlich in Grau.
Schuld daran ist die Art und Weise, wie unsere Augen funktionieren: Die Lichtstrahlen fallen durch die Pupille in das Innere des Auges. Sobald sie dort auftreffen, sehen wir etwas. Hier gibt es Stellen, die nur erkennen, ob etwas hell oder dunkel ist. Sie sind**

sehr empfindlich und lassen uns selbst in der Nacht bei schwachem Mondschein noch Umrisse von Gegenständen sehen – allerdings nur in Schwarz und Grau.
Für die verschiedenen Farben sind nämlich andere Stellen im Auge zuständig. Und sie reagieren bloß bei hellem Licht.
Deshalb sehen Dinge bei Licht viel bunter aus als bei schwacher Beleuchtung. Und unsere Laternen zeigen andere Bilder, wenn wir sie angezündet haben. Die Kerzenflammen in ihnen erzeugen Licht, das uns plötzlich auch Farben erkennen läßt, die wir vorher nicht sehen konnten.

REGENBOGEN- LATERNE

BASTELMATERIAL

Transparentpapier in Gelb, Rot, Grün, Orange, Lila; Regenbogentransparentpapier; Käse- schachtel, 15 bis 16 cm Ø; Klebstoff; Schere

BASTELANLEITUNG

Aus gelbem Transparentpapier einen Streifen, 54 x 17 cm, zuschneiden. Darauf verschieden- farbige Elemente aus Transparentpapierresten nebeneinander oder überlappend fixieren. Einen Streifen Regenbogentransparentpapier, 54 x 19 cm, zuschneiden, und eine Längsseite zackenförmig gestalten.
Zunächst den gelben Streifen um eine Käse- schachtel kleben, dabei die Enden überlappend zusammenfügen. Dann das Regenbogentrans- parentpapier herumkleben.

SCHATTENTHEATER

Gespenstisch! Plötzlich sieht man auf der weißen Wand Schattenwesen. Ist da nicht eine Eule, eine Fledermaus – und ein kleines Gespenst?

BASTELMATERIAL

Transparentpapier in Weiß; Holzleisten oder fester Karton oder 2 Pappröhren (Küchenkrepp); Fotokarton in Schwarz; Klebstoff; Schere; Cutter; Locherzange; evtl. Schraubzwinge; Lampe

VORLAGEN

Siehe Seite 90: Eule 14; Fledermaus 15; Gespenst 16

BASTELANLEITUNG

Einen Rahmen aus festem Karton oder aus Holzleisten mit weißem Transparentpapier bekleben. Oder das Transparentpapier an den beiden Seiten jeweils auf eine Pappröhre (Küchenkrepp) kleben.
Diese „Theaterwand" am besten mit einer Schraubzwinge an der vorderen Tischkante befestigen. Zum Spielen sitzt man dann hinter dem Tisch.
Eine Lampe (Schreibtischlampe) so aufstellen, daß der Lichtstrahl die Theaterwand von hinten beleuchtet.
Schattenfiguren aus schwarzem Fotokarton ausschneiden. Für innenliegende Schnitte am besten einen Cutter, für die Augen eine Locherzange nehmen. Entweder auf der Rückseite ein Holzstäbchen mit Klebeband befestigen.

Warum wirft Licht einen Schatten?

? Lichtstrahlen wandern immer geradeaus, ob sie nun von der Sonne kommen oder von einer Glühbirne oder einer Kerze. Wenn man einen Teil des Lichtscheins abdeckt, gibt es eine scharfe Grenze: Dort, wo die Strahlen auftreffen, ist es hell, und dort, wo sie von einem Ding abgefangen werden, ist es dunkler. Wenn wir in der Sonne spazierengehen, werfen wir einen Schatten auf den Boden. Das ist genau die Stelle, wo die Sonne nicht auf den Boden scheinen kann, weil wir den Strahlen im Weg stehen. Unser Schatten wandert mit uns, weil er immer genau dort steht, wo wir die Strahlen verdecken.

Oder kleine Papierröhren als Halter für die Finger aufkleben. Kulissenformen — ein Baum, ein Berg, eine Burg — können vor der Theaterwand angebracht werden.
Als „Requisiten" eignen sich auch gut Naturmaterialien wie Zweige, Blätter, Blumen, Tannenzapfen, Federn.

Einen Lichtstrahl kann man auch mit den Fingern oder mit kleinen Pappfiguren abdecken und dann einen Schatten machen, der genau wie die Finger oder wie die Figuren aussieht. Und schon kann man Schattentheater spielen: Man braucht bloß eine Lampe und Zuschauer und eine durchscheinende Papierwand, die sich zwischen der Lampe und den Zuschauern befindet. Zuerst, wenn das Licht der Lampe auf die Papierwand fällt, ist diese ganz und gar hell. Wenn aber zwischen Lampe und Wand eine Eule, ein Mond, ein Gespenst auftauchen, sieht man gleich ihre Schatten auf der Wand.

SPIELIDEE

Die Kinder probieren zuerst aus, wie das Schattentheater funktioniert: Wann man die Figuren, die sie an Stöcken halten oder auf einem Finger stecken haben, besonders klar sieht. Wann sie nur zu ahnen sind. Wann sie groß, wann sie klein sind ...

Natürlich lassen sich Schatten auch mit den Händen und mit anderen Dingen werfen.

Nun kann man Geschichten erfinden und vorspielen oder eine bekannte Geschichte nachspielen.

Ein Beispiel: „Im Wald lebt eine Eule. Eines Nachts bekommt sie Besuch von einer Fledermaus, die in einer alten Burg wohnt. Die Fledermaus erzählt von einem kleinen Gespenst, das dort haust und die Burg immer nur bei Vollmond verläßt. Die Eule möchte das kleine Gespenst gar zu gerne kennenlernen. Aber bis zum nächsten Vollmond dauert es noch so lange!

Ob es den beiden wohl gelingen wird, das Gespenst schneller aus seiner Burg zu locken?" Die Zuschauer können nun beobachten, wie der Mond immer voller und immer größer wird. Und tatsächlich: „Eines Nachts, als es zwölf Uhr schlägt, ist es soweit: Das kleine Gespenst erscheint im Wald …"

49

FEUER MACHEN & NUTZEN

Wann ein Feuer brennt

Holz und andere Brennstoffe brennen nicht ein-fach, wenn sie mit Luft in Berührung kommen. Sie müssen erst eine bestimmte Hitze haben. Am einfachsten erzeugt man die nötige Hitze, indem man Holz mit einer Flamme anheizt. Sobald es Feuer gefangen hat, erzeugt es seine eigene Hitze und steckt andere Holzscheite in der Nähe an.

Papier brennt leichter als ein Holzscheit. Legt man es auf einen heißen Gegenstand, kräuselt es sich, wird braun und fängt zu brennen an. Holz muß man eine Weile in eine Flamme halten — je dicker das Stück ist, desto länger dauert es. Kohle muß ziemlich lang in der Glut liegen, bis sie brennt. Deshalb zündet man bei einem Kohlenfeuer zuerst Papier an. Die Hitze des brennenden Papiers entzündet das Holz. Erst im kräftigen Holzfeuer wird die Kohle so heiß, daß auch sie zu brennen beginnt.

Feuer muß immer gehütet werden! Es darf nicht mit anderen brennbaren Dingen in Berührung kommen, sonst werden sie von der Flamme erfaßt und fangen selbst an zu brennen. Eine Kerze muß immer frei stehen, und im Wald darf man kein Feuer machen. Die Funken könnten davonstieben und dürre Äste anstecken.

Feuerzeuge
früher & heute

• Für die Steinzeitmenschen, die keine Streich-hölzer und Gasfeuerzeuge hatten, war es recht schwierig, Feuer zu entfachen. Einfacher war es, Feuer in Gang zu halten. Deshalb gaben sie gut acht, daß ihr Feuer nie ausging.

Die Steinzeitmenschen entfachten Feuer durch Reibung. Daß man durch Reibung Hitze erzeugen kann, merken wir, wenn wir die Hände fest aneinanderreiben. Sie werden schnell warm. Das Feuerzeug der Steinzeitmenschen bestand aus einem Bogen mit Schnur, einem Stück Holz und einem Holzstab. Und es funktionierte so: Die gespannte Bogenschnur wickelte man um den Holzstab, und den Holzstab steckte man in ein Loch im Holz. Wenn man nun den Bogen — ähnlich wie eine Säge — hin- und herzog, drehte sich der Stab sehr schnell. Er rieb mit seiner Spitze im Loch des Holzbrettes, und hier wurde es durch die Reibung sehr heiß. Nun brauchte man noch Zunder. Das ist ein trockener, abgestorbener Schwamm, der auf toten Bäumen wächst. Den Zunder gab man in das erhitzte Loch im Brett, und er fing an zu brennen. Mit dem brennenden Zunder konnte man dann ein Holzfeuer anzünden.

• Auch unsere modernen Streichhölzer entzünden sich durch Reibung. Hier geht natürlich alles viel schneller und einfacher.

Der Kopf des Streichholzes ist mit einer Schwefel-mischung bedeckt, die Reibefläche an der Schachtel mit einer Phosphormischung. Beide Mischungen brennen gut — aber nur, wenn sie zusammengebracht und durch Reibung erhitzt werden! Deshalb nennt man Streichhölzer heute auch Sicherheitshölzer. Wenn man nun also mit dem Streichholz über die Reibefläche streicht, entsteht Hitze. Gleichzeitig verbinden sich die Brennstoffe — erst jetzt kann der Streichholz-kopf, dann das ganze Streichholz brennen.

• Ein anderes Steinzeit-Feuerzeug bestand aus Feuersteinen. Wenn man zwei dieser harten Steine gegeneinanderschlug, sprühten Funken. Mit Glück und Geduld gelang es, dadurch Zunder zu entzünden und mit dem Zunder Holz.

• In späteren Zeiten schlug man mit Stahl auf Feuerstein, auch Flint genannt. Dabei sprühten viel mehr Funken. Bei den ersten Flinten wurde das Pulver mit Hilfe von Stahl und Feuerstein gezündet. Genauso funktioniert ein modernes Feuerzeug oder ein Gasanzünder: Beide haben ein kleines Rad aus Feuerstein. Und wenn man es dreht, reibt es über Stahl, und die Funken entzünden das Gas im Feuerzeug oder im Herd.

Lichtquellen
früher & heute

• Sobald die Sonne unterging, war für die frühen Menschen der Tag zu Ende — auch wenn sie ein Feuer anmachten oder eine Fackel anzündeten, die mit Baumharz getränkt war. Denn beides verbreitete nur wenig Licht. Jahrtausende lang war offenes Feuer die einzige Lichtquelle in der Nacht. Auch als die Menschen schon in Häusern lebten, mußten sie noch ein Feuer anzünden, um im Dunkeln Licht zu bekommen. Es gab Holzscheite und Pechfackeln, Kerzen und Öllampen, später auch Gaslaternen und Petroleumlampen. Wenn man es hell haben wollte, mußte man irgend etwas verbrennen.

• Das änderte sich erst vor ungefähr 120 Jahren. Damals entdeckte man, daß man einen Draht zum Glühen bringen kann, wenn man elektrischen Strom durchschickt. Der Glühdraht wurde in eine Glasbirne gepackt, und fertig war die Glühlampe. Jetzt konnte es in den Häusern und auf den Straßen nachts hell werden. Später wurden noch andere Arten von Lampen erfunden, zum Beispiel Leuchtstoffröhren. Sie sind mit einem Gas gefüllt, das glüht, wenn man Strom durchleitet.

Kochstellen
früher & heute

Die meisten Dinge, die wir essen, sind gekocht, gebraten oder gebacken. Manche Lebensmittel, wie Möhren, kann man auch roh essen. Wenn man sie kocht, schmecken sie anders. Reis zum Beispiel kann man aber erst essen, wenn er längere Zeit in kochendem Wasser erhitzt worden ist. Dabei nehmen die Zellen, aus denen die Reiskörner bestehen, Wasser auf. Sie werden weich. Vor allem aber können Körner und viele andere Lebensmittel dann leichter verdaut werden: Im Magen und Darm werden die nahrhaften Stoffe (Zucker, Fett, Eiweiß) in ihre Bestandteile zerlegt. Das geht schneller und einfacher, wenn die Lebensmittel gekocht worden sind.

• Die Steinzeitmenschen hatten als Kochstellen Lagerfeuer, über denen sie Fleischbrocken rösteten oder Körnerbrei, den sie auf flache Steine gestrichen hatten. Sie hatten noch keine Töpfe. Suppen und Eintöpfe kochten sie so: Sie kleideten ein Erdloch mit einem Beutel aus Tierhaut aus, warfen die Lebensmittel hinein und gossen Wasser hinzu. Dann nahmen sie glühende Steine aus dem Feuer und warfen sie in den Beutel. Die Steine gaben ihre Hitze an das Wasser ab, das nun im Kochbeutel zu kochen anfing, ohne daß die Häute verbrannten. Später lernten die Menschen, feuerfestes Geschirr zu töpfern und Töpfe aus Metall herzustellen. Der beliebteste Brennstoff bei den Höhlenmenschen der Steinzeit waren Tierknochen. Knochenfett brannte besonders gut und länger als Holz. Allerdings stank und qualmte es entsetzlich. Deshalb lagen die Feuerstellen meist außerhalb der Höhlen. Als man Hütten baute und drinnen Feuerstellen für Holzfeuer anlegte, ließ man im Dach ein Loch. Hier konnte der Rauch besser abziehen — aber auch die Wärme.

• Die Kochherde späterer Zeiten wurden viel sicherer. Das Feuer wurde in einen aus Stein gemauerten Herd eingesperrt, und auf ein Loch oben im Herd kam der Kochtopf. Der Rauch zog durch ein Rohr oder einen Kamin ab. Das Feuer erhitzte den ganzen Herd und auch das Zimmer. Bei uns hatte man früher Kochherde, in denen ein Holz- oder Kohlenfeuer brannte. Heute gibt es Gas- und Elektroherde: Auf dem Gasherd wird Gas verbrannt, das aus feinen Düsen ausströmt. Beim Elektroherd wird Strom durch Leitungen geschickt, und dieser erhitzt die Kochplatten.

Wie wir heute die Kraft
des Feuers nutzen

• Feuer hielt schon die Steinzeitmenschen warm, es brachte Licht, schützte sie vor wilden Tieren, und mit Feuer konnten sie auch kochen. Später lernte man, Feuer noch für andere Zwecke zu nutzen. Schmiede ließen bestimmte Gesteine, die Metallerze enthielten, schmelzen. Dadurch gewannen sie Kupfer und Eisen.

• Heute nutzen wir Feuer auch, um Maschinen anzutreiben und um Strom zu erzeugen. In einem Automotor zum Beispiel verbrennt ein Gemisch aus Benzin und Luft mit vielen kleinen Explosionen. Durch diese Hitzestöße dehnt sich die Luft im Zylinder (das ist das Brennrohr) aus. Dabei wird ein Kolben herausgestoßen. Und dieser treibt auf komplizierten Umwegen die Räder an. Autos fahren also eigentlich mit Feuer. Auch Strom wird meistens mit Feuer erzeugt. Die Hitze beim Verbrennen von Öl, Gas oder Kohle läßt Wasser verdampfen. Der Dampf dehnt sich kraftvoll aus und treibt einen Generator an — eine Maschine, die Strom erzeugt. Der Strom kommt durch Leitungen in die Häuser. Und wenn wir den Fön einschalten, läßt der Strom die Heizdrähte aufglühen und dreht den Ventilator. So erzeugt also das Feuer im Heizkraftwerk den heißen Wind, mit dem wir unsere Haare trocknen können.

51

LUFT

LUFT MIT DEN SINNEN ERLEBEN

Luft spüren

Wir sind unser Leben lang von Luft umgeben — außer, wir tauchen im Wasser unter. Die Luft spüren wir jedoch nur dann, wenn sie in Bewegung ist. Bei Wind bewegt sich die Luft an uns vorbei; wir spüren den Luftzug an der Haut. Und bei Sturm merken wir auch, mit welcher Kraft die Luft drückt.

Ähnliches passiert, wenn wir uns schnell durch die Luft bewegen. Beim Laufen bemerken wir einen Luftzug auf der Haut. Und ein schneller Radfahrer muß gegen den Widerstand der Luft ankämpfen und sich eine Lücke schaffen, die sich hinter ihm aber gleich wieder schließt. Den Luftzug auf der Haut spüren wir aus zwei Gründen. Fast überall auf der Haut wachsen feine Härchen, die manchmal so klein und dünn sind, daß wir sie gar nicht sehen. Wenn Wind vorüberstreicht oder wenn wir auf die Haut blasen oder wenn wir die Hand durch die Luft bewegen, verbiegt der Luftzug die Härchen, und das spüren wir. Außerdem kühlt bewegte Luft die Haut ab, und das bemerken wir als kühlen Hauch.

Luftbewegungen spüren wir besonders stark, wenn die Haut feucht ist — zum Beispiel wenn wir schwitzen oder gerade aus dem Bad kommen. Im Lufthauch verdunstet nämlich das Wasser auf der Haut schneller. Dadurch verliert die Haut ihre Wärme und kühlt rasch aus. So kann man sich leicht eine Erkältung holen. Je schneller sich Luft bewegt, desto mehr Kraft hat sie. Das merken wir beim Drachensteigen. Bei starkem Wind müssen wir die Leine gut fest halten, sonst trägt er den Drachen fort.

Erste Versuche: • Sich auf die Hände und Arme pusten, sich gegenseitig anpusten. Mit Puste etwas bewegen, zum Beispiel Haare.
• Sich mit einem Fächer Luft zufächern. Luft aus einem Ballon ausströmen lassen.
• Im Freien die Arme ganz schnell durch die Luft sausen lassen und den Wind spüren. Mit ausgebreiteten Armen laufen.
• Nach draußen gehen und den Wind spüren.

Luft riechen

In der Luft ist nicht nur Luft. In ihr schweben auch viele unsichtbar kleine Teilchen: Wassertröpfchen, die wir als Nebel sehen, wenn sie sich dicht drängen, Staubkörnchen und viele Stoffe, die sich ständig von den Dingen der Welt ablösen. Manche dieser Teilchen duften, und wir können riechen, was in der Luft ist. Blumen, eine frisch gemähte Wiese, ein nasser Hund oder ein reifer Apfel — all diese Gerüche steigen uns mit der Luft in die Nase. Ohne Luft könnten wir nichts riechen.
Erste Versuche: • Verschiedene Dinge drinnen und draußen mit geschlossenen Augen erschnuppern.

- Getrocknete Blüten (zum Beispiel Lavendel), Tannennadeln, Heu beginnen stärker zu duften, wenn man sie durchmischt.
- Wenn der Wind in unsere Richtung weht, bringt er manchmal Düfte mit, die wir sonst nicht wahrnehmen.

Luft hören

Die Luft bringt uns nicht nur Gerüche, sondern auch Töne und Klänge. Wir hören Stimmen und Musik, Autohupen und das Bellen eines Hundes. Alle Geräusche kommen durch die Luft an unsere Ohren. Ohne Luft wäre es totenstill. Aber auch die Luft selbst erzeugt viele Geräusche, wenn sie schnell dahinströmt und auf Dinge trifft. Wir hören den Wind, wenn er die Blätter im Baum bewegt und das Laub rascheln läßt, wenn er Türen zuschlägt, Fensterläden klappern und Fahnen knattern läßt.

Wenn ein starker Sturm über die Erde fegt, hören wir ihn heulen. Die Luftströme verfangen sich zwischen Bäumen und Häusern oder in Kaminen. Je stärker der Sturm weht, desto lauter braust und heult und pfeift es.

Bei starkem Wind braust es auch in unseren Ohren. Der Wind verfängt sich in unseren Ohrmuscheln, und wir hören die Luftteilchen, die durcheinandergewirbelt werden, rauschen. Dabei ist es egal, ob wir stehen und der Wind an uns vorbeiweht oder ob die Luft stillsteht und wir uns schnell bewegen. Wer bei einer schnellen Autofahrt das Fenster aufmacht, hört den „Fahrtwind" rauschen und pfeifen, selbst wenn es draußen eigentlich windstill ist.

Auch künstliche Winde machen Geräusche. Ein Staubsauger macht Krach, weil der Ventilator die Luft (mit dem Staub) nach innen saugt. Wir hören also etwas, wenn Luftteilchen schnell an etwas stoßen oder angestoßen werden. Auch beim Singen oder Sprechen gerät Luft in Bewegung: Die Atemluft streicht am Kehlkopf im Hals vorbei und läßt die Stimmbänder erzittern.

Erste Versuche: • Lauschen, wie jemand atmet oder pustet.

Mit geschlossenen Augen einem Mitspieler folgen, der den Weg durch Pusten weist.
- Unterschiedliche Luftgeräusche machen.
- Hören, wie Luft aus einem Ballon entweicht.
- Dem Wind zuhören: wie er durch Blätter streicht, wie er um Ecken pfeift, wie er Dinge „lärmen" läßt . . .

Luft sehen

Luft selbst ist unsichtbar, weil sie durchsichtig ist. Lichtstrahlen können den Luftraum fast ungehindert durchdringen.

Bei wolkenlosem Himmel können wir durch die Luft hinaus in den Weltraum blicken. Wir sehen die Sonne, und nachts sehen wir Mond und Sterne. Nichts versperrt uns die Sicht — obwohl eine viele Kilometer dicke Luftschicht zwischen uns und dem Weltraum liegt. Nur wenn viele Teilchen in der Luft schweben — Staub, Rauch, Wassertröpfchen im Nebel —, können wir nicht so weit sehen.

Luft hat auch keine eigene Farbe. Selbst wenn der Himmel blau ist, die Luft ist es nicht. Sonst würden wir alle Dinge durch die Luft hindurch blau sehen — wie durch blaues Flaschenglas. Schuld am Blau des Himmels sind die unzähligen Staub- und Wasserteilchen in der Luft. Sie lenken die Sonnenstrahlen so

ab, daß wir den Luftraum über uns als blaues Himmelszelt sehen.

Manchmal sorgt die Luft auch dafür, daß wir Dinge anders sehen, als sie wirklich sind. Zum Beispiel an einem heißen Tag: Die Sonnenstrahlen heizen dunkle Straßen so auf, daß heiße Luft aufsteigt. Die Lichtstrahlen werden abgelenkt. Wir sehen eine sonderbare Spiegelung, als würden die Autos dicht über der Straße (und nicht auf der Straße) fahren. Was wir da sehen, ist das durch die heiße Luftschicht abgelenkte Bild der Straße.

In der Wüste heißt so eine Erscheinung Fata Morgana. In der heißen Luftschicht über dem Wüstenboden können sich sogar weit entfernte Dinge spiegeln. Der arme Wanderer glaubt eine Oase mit Brunnen und Palmen zu sehen — in Wirklichkeit ist es nur heiße Luft.

Eine andere optische Täuschung ist das Funkeln der Sterne. Sterne funkeln nicht wirklich. Starr und gleichmäßig schicken sie ihr Licht aus. Doch auf dem Weg zu uns durchquert das Licht warme und kalte Luftschichten. Dabei werden die Strahlen abgelenkt, die Sterne scheinen zu blinken und zu zwinkern.

Erste Versuche: • Einen Ballon oder eine Tüte aufblasen. Luft herauslassen und damit Federn oder Papierstückchen weitertreiben.
- Beobachten, was der Wind in Bewegung setzt: Windräder, Haare und Kleider, Blätter . . .
- Einen Windsack aus dünnem Stoff oder Seidenpapier an einem Stab befestigen, im Freien aufstellen und beobachten.
- Blätter und Papierschnipsel in die Luft werfen und beobachten, wie sie herabfallen. Einen Papierflieger durch die Luft segeln lassen. Federn von einem Tisch herabschweben lassen . . .

DAS ELEMENT LUFT BEGREIFEN

Was ist Luft?

Luft ist eine Mischung aus vielen verschiedenen Gasen. Sie hüllt die Erde wie ein schützender Mantel ein. Diese Lufthülle nennen wir auch Atmosphäre. Sie reicht über tausend Kilometer weit in den Weltraum!

Doch schon ab einer Höhe von acht Kilometern — das ist so hoch wie die höchsten Berggipfel — ist die Luft zu dünn zum Atmen, sie enthält nicht mehr genug Sauerstoff.

Die Gase in der Luft versorgen die Lebewesen nämlich mit Atemluft: Tiere und Menschen atmen den Sauerstoff aus der Luft ein und atmen, als Abfall, das Gas Kohlendioxid aus. Bei Pflanzen ist es genau umgekehrt. Sie nehmen aus der Luft das Kohlendioxid auf und geben dafür Sauerstoff ab.

Die Lufthülle liefert den Lebewesen nicht nur Atemluft, sondern schützt sie auch. Die Sonne schickt mit ihrer Wärme und mit dem Sonnenlicht gefährliche Strahlen aus. In den oberen Schichten der Atmosphäre werden sie weggefiltert, und nur ein geringer Teil der schädlichen Strahlen trifft auf die Erdoberfläche.

Warum brauchen wir Luft zum Atmen?

Nur ein Viertel der Luft, die wir atmen, besteht aus dem Gas Sauerstoff. In den Zellen, die unseren Körper bilden, sorgt Sauerstoff dafür, daß die Nährstoffe verwertet werden.

Und so gelangt der Sauerstoff zu den Zellen: Beim Einatmen füllt sich die Lunge mit Luft. Hier gibt es unzählige kleine Bläschen, die den Sauerstoff mit ihrer feinen Haut aufnehmen. Diese Bläschen kommen mit Blut in Berührung und geben den Sauerstoff an das Blut weiter. Mit dem Blut gelangt der Sauerstoff in alle Teile des Körpers. In den Zellen verbindet er sich mit den Nährstoffen. Sauerstoff und Nährstoffe verbrennen hier und erzeugen dadurch die Kraft, die wir zum Leben brauchen.

Der Körper verbraucht ständig Sauerstoff; deshalb müssen wir auch ständig atmen. Das geschieht automatisch, wir können es gar nicht vergessen. Wenn wir die Luft nur kurze Zeit anhalten, dann meldet das Gehirn: Sauerstoff fehlt! Schon schnappen wir wieder nach Luft. Wenn die Muskeln stark arbeiten, verbrauchen sie mehr Sauerstoff, als wir normalerweise mit der Luft einatmen. Plötzlich fehlt uns Luft, wir müssen tiefer atmen und fangen an zu schnaufen.

Warum halten Pflanzen die Luft frisch?

Wenn die unzählig vielen Zellen im Körper von Menschen und Tieren Sauerstoff und Nährstoffe verbrennen, entsteht Abfall: Wasser und das Gas Kohlendioxid. Diese Stoffe werden vom Blut zurück in die Lungen befördert. Die Luft, die wir ausatmen, enthält deshalb Wasserdampf und das — für uns unbrauchbare — Gas Kohlendioxid.

Wenn sich viele Menschen in einem ungelüfteten Zimmer aufhalten, wird die Luft schnell schlecht. Sie ist voll von den gasförmigen Abfällen, die diese Menschen ausatmen.

Aber genau dieses Gas brauchen die Pflanzen. Sie nehmen es aus der Luft auf. Dazu kommen Wasser und Nährstoffe, die sie mit den Wurzeln aus der Erde saugen. Und sie benötigen Energie, damit sie diese Stoffe überhaupt verarbeiten können. Die liefert ihnen das Sonnenlicht. Auch bei diesem Vorgang entsteht Abfall: Es ist das Gas Sauerstoff. Pflanzen erzeugen also genau jenes Gas, das Menschen und Tiere zum Atmen und Leben brauchen.

Im Wald ist die Luft besonders frisch und sauerstoffreich, dank der vielen Bäume, die Sauerstoff an die Luft abgeben.

Warum erstickt ein Fisch an der Luft?

Fische sind Tiere, und wie alle Tiere brauchen sie zum Leben Sauerstoff. Ihr Körper ist aber so gebaut, daß sie dieses Gas aus dem Wasser nehmen können. Was für uns die Lungen sind, das sind für die Fische die Kiemen: ein Organ, mit dem sie Sauerstoff aufnehmen können. An der frischen Luft ersticken Fische, weil sie nur für das Atmen unter Wasser gebaut sind. Fische sind Wasseratmer, so wie wir Menschen Luftatmer sind.

Wieviel wiegt die Luft?

Wie alle anderen Dinge in der Welt, hat auch Luft ein Gewicht. Und das ist der Grund, weshalb die Luft nicht in den Weltraum hinaus davonweht, sondern in einer dicken Hülle über der Erde liegt.

Wir Menschen — und alle Lebewesen — spüren den Druck nicht, mit dem das Gewicht der Luft auf uns lastet. Denn der Luftdruck außen und der Gegendruck der Luft in uns sind ungefähr gleich. Wir merken nur, wenn sich der Luftdruck verändert. Auf den Bergen ist der Luftdruck geringer, weil wir uns dann weiter oben in der Lufthülle befinden und eine ganze Menge Luft unter uns ist. Wenn man mit der Seilbahn schnell auf einen Berg fährt, knackst es in den Ohren, und man hat ein dumpfes Gefühl. Der Luftdruck draußen ist plötzlich geringer geworden, während der Luftdruck im Kopf, zum Beispiel in den Ohren, gleich geblieben ist. Das Trommelfell — das dünne Häutchen im Ohr, das Innen und Außen trennt — beult sich ein kleines Stück aus. Wenn man den Mund schließt, die Nase zuhält und die Luft im Mund zusammenpreßt, gleicht man den Druck aus, und man hört wieder normal.

Warum kann ein Ballon hoch in die Luft steigen?

Menschen und Steine, Flüsse und Kopfkissen — sie alle sind schwerer als Luft. Und deshalb gehen oder stehen, fließen oder liegen sie alle am Grund des „Luftmeeres". Dinge, die leichter sind als die Luft, können fliegen — zum Beispiel ein Luftballon, der mit Heißluft oder mit einem leichten Gas gefüllt ist. So ein Ballon steigt aus demselben Grund hoch in die Luft, aus dem auch ein Korken im Wasser aufsteigt: Der Ballon ist leichter als die Luft, die er verdrängt, und der Korken ist leichter als das Wasser, das er verdrängt. Die schwere Luft schubst den Ballon, und das schwere Wasser schubst den Korken nach oben.

Warum ist die Luft oben dünner?

Je höher man kommt, desto dünner wird die Luft. In großen Höhen ist der Luftdruck kleiner. Die Luftteilchen drängen sich nicht so eng aneinander wie unten auf dem Erdboden. Deshalb ist auch der Luftwiderstand geringer. Und deshalb fliegen schnelle Flugzeuge meistens in einer Höhe von über acht Kilometern. Dort oben müssen sie weniger Luft wegschieben, und sie kommen mit gleich starken Motoren schneller voran als weiter unten.

Die dünne Luft in großen Höhen enthält auch weniger Sauerstoff. Bergsteiger atmen schneller; nicht nur, weil sie sich mehr anstrengen als ein Spaziergänger, sondern auch, weil sie ihre Lungen mit mehr Luft füllen müssen, um genügend Sauerstoff zu bekommen. Wer auf die höchsten Berge der Welt klettert und dabei in Höhen von über sechstausend Metern kommt, muß Sauerstoff in Flaschen mitnehmen und mit einer Maske einatmen.

Warum weht der Wind?

Die Luft, in der wir leben, ist immer in Bewegung. Sie wird ständig durchgemischt. Aus warmen Weltgegenden bringen die Winde warme Luft, und aus Polargebieten werden kalte Luftmassen herangetragen.

Vor allem aber schaffen die Winde Wolken und damit auch Regen heran.

Die Ursache für diese Luftbewegungen ist die Sonne. Wo sie die Erde — oder das Meerwasser — aufheizt, wird auch die Luft warm. Die Luft dehnt sich aus, wenn sie warm wird, sie wird leichter und steigt auf. Und dort, wo die erwärmte Luft Platz frei macht, strömen kältere und schwerere Luftmassen hin.

Es gibt gewaltige Luftströmungen, die in immer gleichen Bahnen über die Erde ziehen. Andere immer wiederkehrende Winde wehen in der Nacht vom Land hinaus aufs Meer und am Tag vom Meer zum Land. Der Boden erwärmt sich am Tag nämlich schneller als das Wasser und kühlt abends auch schneller ab. Tagsüber dehnt sich die Luft über dem Land aus und fließt weg; in der kühlen Nacht ist es über dem Wasser wärmer, und die Luftmassen wehen wieder zurück.

WINDRAD & WETTERFAHNE

Wann dreht sich das Windrad am schnellsten?
Wenn der Wind weht? Oder wenn wir mit aller Macht pusten?

Wo weht der Wind?

Die Luft um uns herum ist fast immer in Bewegung. Manchmal ist es nur eine sanfte Brise, die wir kaum spüren, manchmal aber ein steifer Wind oder eine plötzliche Windböe, die sogar starke Zweige und Äste bewegt.
An unserem Windrad sehen wir, wie stark der Wind weht. Bei einem sanften Lüftchen dreht es sich langsam, bei einem Sturm ganz schnell. Und die Wetterfahne oben zeigt in die Richtung, in die der Wind weht. Ein Westwind zum Beispiel weht von Westen nach Osten. Und die Wetterfahne zeigt dann nach Osten.
Aber selbst wenn es unten auf der Erde windstill ist, wehen hoch über uns Winde oder sogar starke Stürme. Solche Winde wehen jahraus, jahrein in gleicher Richtung. Manche Zugvögel fliegen deshalb so hoch, weil sie in zwei oder drei Kilometern Höhe viel schneller vorankommen. Mit dem Wind im Rücken sparen sie viel Kraft.

Auch Flugzeuge nutzen die starken Winde über der Erde. Die Piloten suchen sich für den Flug eine Höhe aus, in der sie den Rückenwind nutzen können.
Die Winde mischen die Lufthülle ständig durch. Sie bringen warme Luft aus den heißen Ländern und von den Meeren des Südens in kältere Gegenden. Und sie schaffen eiskalte Luft vom Nordpol und vom Südpol in die warmen Länder.
Winde bringen auch frische Luft aus den Wäldern in die Städte und schaffen die Abgase fort.
Ohne Wind würde es über dem Land nicht regnen, weil sich die meisten Wolken über den Meeren bilden und erst in das Landesinnere geschafft werden müssen.
Und ohne Wind könnten sich viele Pflanzen nicht vermehren. Bestimmte Bäume und Blumen, wie zum Beispiel der Ahorn oder der Löwenzahn, streuen ihre Samen in den Wind, der sie weit übers Land trägt.

BASTELMATERIAL

Wellpappe in Regenbogenfarben; dünner Karton; Messingdraht, 2 mm Ø; Riffelholzstab, 2 cm Ø, 40 cm lang; Holzperlen, 20 cm Ø, 13 mm Ø, 2x 15 mm Ø; Klebstoff (Heißkleber); Handbohrer oder kleine Bohrmaschine; Schere

VORLAGEN

Siehe Seite 90: Speiche 17a; Wetterfahne 17b

BASTELANLEITUNG

Zunächst ein Speichenteil nach der Vorlage aus Karton ausschneiden. Diese Schablone dreimal auf Wellpappe übertragen. Die Speichen ausschneiden, Einschnitte und Löcher anbringen; für die Löcher eine Scherenspitze verwenden, diese etwas drehen, um die Löcher zu runden. Jeweils den durchgehenden Steg der Speichen auf Draht, 21 cm lang, stecken. Eine große Perle daraufsetzen, dann die kurzen Stege der Speichen nacheinander aufnehmen. Einen Kreis aus Wellpappe, 7 cm Ø, in der Mitte durchstechen, oben auf den Draht schieben und an den Stegen fixieren. Einen Streifen Wellpappe, 5 x 12 cm, zu einer Röhre kleben (Rillen senkrecht) und auf den Draht stecken. Eine Wetterfahne aus Wellpappe ankleben. Oben zuletzt eine kleine Perle befestigen.

Sechs Rechtecke aus Wellpappe, 8 x 6 cm, in Längsrichtung mittig etwa 4 cm einschneiden und außen an den Speichen befestigen.
Zwei Perlen von unten auf den Draht stecken.
Ein etwa 2,5 cm tiefes Loch in das Ende eines Holzstabes bohren, und die Wetterfahne hineinstecken.

Bei Wind dreht sich das Windrad, und die Fahne stellt sich in die Richtung, in die der Wind weht.
Hinweis: Soll sich die Fahne immer zusammen mit dem Speichenrad drehen, lediglich die Röhre, an der sie befestigt ist, auf der darunterliegenden Scheibe festkleben.

VERSUCH

Bei Wind setzt sich das Windrad in Bewegung. Man kann es aber auch mit einem Fön und selbst mit Puste antreiben ... Auch ein Pusterohr können die Kinder ausprobieren.
Und wann dreht sich das Windrad am schnellsten?

WINDFÄCHERSPIELE

**Wind hat ganz schön viel Kraft. Auch wenn man ihn selbst macht.
Das merkt man bei Windfächerspielen.**

BASTELMATERIAL

festes weißes Papier; Wasserfarbe in Blau bzw. Grün; Fotokarton in Blau bzw. Tonpapier in Gelb; Perlen; dünner Biegeplüschdraht; Eihälften von Plastikeiern (Überraschungseier); Kunstfell; Filzstifte; flaches Gitter oder Sieb; Schwämmchen; Klebstoff; Lineal; Schere; evtl. Cutter

BASTELANLEITUNG

Blauer Fächer: Blauen Fotokarton, 35 x 20 cm, zu einem Fächer falten (Faltenbreite 1,5 cm). Dazu am besten Linien ziehen und den Fotokarton vorfalzen.
Am Ende des Fächergriffs, nach etwa 4 cm, ein Loch durch die Falten stechen und Biegeplüsch durchschieben. Perlen auf die Drahtenden ziehen. Perlen und Falten zusammendrücken und außen jeweils noch eine kleinere Perle aufkleben. Überstehende Drahtenden abschneiden.
Gelber Fächer: Gelbes Tonpapier, 18 x 46 cm, falten (Faltenbreite 2 cm). Spitzen einschneiden. Wie zuvor Biegeplüsch durch den Fächergriff

Was macht der Wind mit den Wolken?

? **Der Wind bewegt die Wolken in alle Richtungen – auch nach oben und nach unten. Wolken entstehen, wenn die Luft über der Erde oder dem Meer erwärmt wird und aufsteigt. Aufwind trägt die feuchte, warme Luft hoch, und dabei kühlt sie ab. Kalte Luft kann weniger Wasserdampf halten als warme Luft. Der vorher unsichtbare Dampf verwandelt sich jetzt in lauter feine Wassertröpfchen. Diese bilden eine Wolke. Das Aufsteigen der Wolken können wir von unten nicht sehen. Doch wir sehen, wie sie über den Himmel ziehen. Auch wenn es bei uns unten windstill ist, weht hoch oben Wind. Er nimmt die**

Wolken mit und bringt andere herbei. Die Wolken treiben mit der bewegten Luft und sind deshalb immer genauso schnell unterwegs wie der Wind. In verschiedenen Höhen bläst der Wind oft in verschiedenen Richtungen. Da geht es dann drunter und drüber. Deshalb sehen wir manchmal, wie sich Wolken aneinander vorbeischieben. Hohe Wolken, wie zum Beispiel Schäfchenwolken, scheinen nur ganz langsam über den Himmel zu ziehen. Während tiefe Wolken, zum Beispiel nahende Gewitterwolken, so aussehen, als würden sie im Sturmwind über den Himmel fegen. Doch das täuscht. In Wirklichkeit sind Wolken in großer

Höhe fast immer schneller unterwegs, weil dort oben meistens heftige Stürme toben. Doch da sie so weit weg sind, scheinen sie gemächlich über den Himmel zu wandern. Obwohl die Wolken so verschieden aussehen, bestehen sie alle aus Wassertröpfchen. In manchen Wolken ist das Wasser sehr dünn und fein verteilt. Würde man eine Schäfchenwolke hoch am Himmel melken, bekäme man nicht viel Wasser – nur etwa eine Badewanne voll. Große, dunkle Gewitterwolken können dagegen Tausende Wannen füllen. Sie sind viele Kilometer lang und oft sechs Kilometer dick.

ziehen. Perler auffädeln, und den Biegeplüsch zu einem Ring mit 4 cm Ø schließen; dabei die Drahtenden durch das Loch am Fächergriff und die benachbarten Perlen stecken und mit Klebstoff fixieren.

Wolkenspielfeld: Wolken in beliebigen Formen aus weißem Papier ausschneiden und auf einem großen Bogen weißem Papier, 70 x 50 cm, verteilen. Papier und Wolken in der Siebspritztechnik einfärben. (Farbe mit einem Schwämm-chen aufnehmen, über ein Sieb beziehungsweise Gitter streichen.)

Wiesenspielfeld: Einen großen Papierbogen in der Siebspritztechnik grün einfärben. Als Wiese ausgestalten (Grassoden, Blumen, Marienkäfer …).

Spielfiguren: Wattekugeln mit Haaren aus Kunstfell bekleben. Gesichter aufmalen. Jeweils auf eine Plastikeihälfte (Überraschungsei) kleben. Arme aus Biegeplüsch anbringen.

AKTIONEN & SPIELIDEEN

Wolken am Himmel: Mit den Kindern Wolken am Himmel beobachten: wie sie aussehen, wie sie ziehen. Jeder erzählt, was für Wolken er entdeckt. Vielleicht schneiden die Kinder auch Wolkentiere für die folgenden Spiele aus.

1. Wolken auf die weißen Wolkenflächen des blauen Papierhimmels legen und mit dem Fächer ganz vom Himmel vertreiben. Wer schafft es am schnellsten?

2. Zwei oder mehr Kinder haben einen Fächer. Eines versucht, die Wolken vom Himmel zu verjagen. Die anderen hindern es daran. Für jede Wolke, die den Himmel verläßt, gibt es einen Punkt.

3. Wolken auf die blauen Himmelsteile legen. Versuchen, die Wolken auf die weißen Wolken-felder zu fächern. Wer schafft´s?

Kinder im Sturm: Mit den Kindern bei Wind und Sturm nach draußen gehen. Die Kinder stellen sich in den Wind und passen auf, was mit ihnen geschieht. Und was macht der Wind mit den Dingen in der Umgebung?

In Zusammenhang mit den folgenden Spielen kann man drinnen weiter über die Erfahrungen und Empfindungen bei Wind und Sturm nach-denken und sprechen.

1. Spielpüppchen auf die Wiese stellen, mit dem Fächer zum Umfallen bringen oder von der Wiese schieben. Wer ist am schnellsten?

2. Jedes Kind sucht sich eine Spielfigur aus. Dann werden die Figuren auf dem Spielfeld verteilt. Alle Kinder beginnen gleichzeitig zu fächern. Sieger ist der Spieler, dessen Figur zuerst umfällt.

In der zweiten Runde ist es umgekehrt: Wessen Figur bleibt bis zum Schluß stehen?

WIND- & WETTERMACHER

Die kleinen Wind- und Wetterinstrumente klingen so echt,
daß man glaubt, gleich gibt es Regen. Oder einen Sturm. Oder ein Gewitter.

Woher kommen die Stürme?

? Wetterforscher teilen Winde nach ihrer Geschwindigkeit in zwölf Stärken ein: Bei Windstärke 1 weht der Wind im Fußgängertempo, und wir spüren ihn als leichte Brise. Ab Windstärke 8 spricht man von einem Sturm. Da weht der Wind mit etwa siebzig Stundenkilometern. Er bricht Zweige von Bäumen ab, und Fußgänger müssen aufpassen, daß sie nicht umgeweht werden. Ein Sturm kann bei Windstärke 9 Dächer von Häusern davontragen und bei Windstärke 10 Bäume umwerfen. Orkane sind Stürme mit Windstärke 11 und 12; dabei weht der Wind mit über hundert Stundenkilometern und wirbelt Holzhäuser und Autos davon.

Bei uns sind Orkane sehr selten. Sie entstehen meistens über dem Meer. Gewaltige Luftmassen beginnen hier zu kreisen und bewegen sich dann zum Landesinneren. Dort werden die Winde immer schwächer. Berge und Hügel, Bäume und Häuser bremsen den Wind ab. Über dem Meer gibt es solche Hindernisse nicht. Hier drückt der Sturm auf das Wasser, schiebt es vor sich her und peitscht es zu hohen Wellenbergen auf. In Küstengebieten sind deshalb Stürme nicht nur stärker, sondern auch gefährlicher. Oft bringen sie eine sogenannte Sturmflut mit sich.

Manchmal entstehen Stürme auch über Land, zum Beispiel bei einem Gewitter. Dabei kommen riesige Luftmassen in Bewegung: Zuerst steigt feuchte und heiße Luft sehr schnell auf. Von ringsherum wird Luft hinterhergezogen – ein Sturmwind kommt auf, der Vorbote eines Gewitters. Später kühlt die aufgestiegene Luft in den Gewitterwolken wieder ab, jetzt fällt und bläst ein kalter Wind nach unten. Warme und kühle Winde wirbeln durcheinander.

Solche Gewitterstürme dauern meistens nicht lange. Sobald das Gewitter vorüber ist, legt sich dann auch der Wind.

BASTELMATERIAL

Klebstoff; Schere

Wind- & Regenraupen: Tonpapier; Perlen in verschiedenen Größen; Biegeplüsch; Buntpapierstreifen; weiche Federn; Tulip Pearl oder Stifte

Großer Wind- & Regenklopfer: Joghurtbecher; Kreppapier; Wellpappe; Laternenstock; große Perle (Öffnung wie Umfang des Laternenstocks)

Kleine Wind- & Regenklopfer: 2 Filmdosen; 2 Bastelstäbe; 2 Perlen (Öffnung wie Umfang der Stäbe); Federn; Kreppapier

Wind- & Regentrommel: Blechdose; Wellpappe; Regenbogenbuntpapier; Bordüre; Klebesterne

Windpüppchen: Plastikeihälften; Bastelstäbe; Perlen; Wattekugel; Korken; kleine Korken für die Arme; Accessoires zum Ausgestalten

BASTELANLEITUNG & SPIELIDEEN

Wind- & Regenraupen: Tonpapier zu Röhren kleben, die auf einen Finger passen.

Jeweils als Kopf eine Perle zur Hälfte in eine Röhre kleben. Ein Gesicht aufmalen (Tulip Pearl). Biegeplüsch als Fühler in die Perlenöffnung kleben.

Die Raupenkörper mit Papierstreifen oder Federn verzieren oder bemalen.

• Raupen über die Finger ziehen. Finger im Wechsel auf und ab bewegen: Regen fällt.

• Finger schnell über verschiedene Untergründe schieben: Windgeräusche entstehen. Jeder Untergrund macht ein anderes Geräusch.

Großer Wind- & Regenklopfer: Einen Joghurtbecher mit Kreppapier verkleiden. Den Boden mit Wellpappe bedecken. Eine Kreppapier-rüsche um den Becher legen; am oberen Rand festkleben. Seitlich ein Loch in den Becher stechen und einen Laternenstab hineinschieben. Von innen eine Perle auf den Stock stecken, eventuell festkleben.

• Mit dem Becher auf den Boden, einen Tisch, eine Wand klopfen: Es regnet.

• Den Becher über verschiedene Flächen schieben: Der Wind pfeift.

• Den Becher schnell auf einer Fläche hin und her bewegen: Regen prasselt gegen eine Fensterscheibe.

Kleine Wind- & Regenklopfer: Filmdosen unterhalb des Deckels von der Seite her ganz durchstechen. Einen Bastelstab durchschieben. Auf die vordere Spitze eine Perle stecken. Federn in die Perlen kleben. Das hintere Ende zur Hälfte mit Kreppstreifen umwickeln.

• In ein geöffnetes Döschen hineinpusten: Der Wind pfeift um die Ecken.

• Döschen mit einigen Reiskörnern füllen, schließen, dann den Stab zwischen den Fingern hin- und herdrehen. Oder zwei Döschen aneinanderklopfen: Regen fällt auf die Erde.

Wind- & Regentrommel: Eine Dose am Rand mit Wellpappe verkleiden. Den Boden mit Buntpapier und einem Ring aus Wellpappe bekleben. Eine Bordüre und Klebesterne anbringen.

• Mit den Fingern im Wechsel auf die Trommel klopfen: Regen fällt.

• Mit kleinen Wind- & Regenklopfern auf die Trommel schlagen: Es donnert.

• Mit den Fingern über den Wellpapprand streichen: Der Wind weht.

Windpuppen: Die Spitze eines Bastelstabs durch eine Plastikeihälfte schieben. Von unten eine Perle auf den Stab schieben, bis zur Ei-wand hin. Eventuell mit Klebstoff fixieren. Perlen von oben auf den Stab schieben. Den Stab darüber mit Klebstoff einstreichen, und einen Korken daraufsetzen. Ein Loch in eine Wattekugel stechen, die Kugel als Kopf auf den Stab kleben.

Arme aus kleinen Korken, Haare und Accessoires anbringen.

• Püppchen kreisförmig über den Tisch schieben oder hin und her bewegen: Der Wind weht.

• Püppchen mit dem Rand oder mit der ganzen Fläche aufsetzen: Der Regen klopft.

AKTION

Wind und Sturm und ein Gewitter bewußt erleben: Was können wir spüren, sehen, hören? In einem leicht abgedunkelten Raum eine Wind-, Sturm- und Gewitterstimmung erzeugen: Ein Teil der Kinder betätigt Wind- und Wetterinstrumente. Andere bewegen sich entsprechend. Sie werfen Blätter in die Luft und fangen sie. Bei leisem Regen bewegen sie ihre Arme leicht hin und her. Der Regen wird kräftiger, die Kinder schaukeln. Der Regen prasselt auf die Erde, sie hocken sich auf den Boden und halten ihre Arme schützend über den Kopf. Donner ertönt, die Kinder legen sich hin. Der Wind pfeift fürchterlich, sie halten sich gegenseitig fest.

Ein Spielleiter kündigt das Wetter an.

SCHWIRRVOGEL

Schwingt man den Vogel im Kreis durch die Luft, beginnt er zu fliegen – schnell und schwirrend wie der Wind.

BASTELMATERIAL

Bastelkorken, 3 cm Ø; Biegeplüsch in Schwarz, 15 cm lang; Perle, 2,5 cm Ø; Tonpapier in Rot; Tulip Pearl oder Dekorlack; 4 Federn, 10 bis 20 cm lang; weißer, dünner Wollfaden, 70 cm lang; Laternenstock; Klebstoff; Schere; Metallspieß

BASTELANLEITUNG

Einen Bastelkorken in der Mitte von oben nach unten durchbohren.

Biegeplüsch durchschieben, und eine große Perle als Kopf auffädeln.

Den Biegeplüsch jetzt an beiden Enden zu einer Schlaufe biegen (etwa 1 cm lang). Die Enden in die Perlenöffnung bzw. tief in den Korken kleben.

Eine Schnabelform zweifach aus Tonpapier ausschneiden. Die Teile an dem Schlaufenende oberhalb der Perle deckungsgleich ankleben, so daß die Schlaufe im Schnabel liegt.

Augen aufmalen.

In den Korkenrücken eine Öffnung stechen und Federn einkleben.

Einen Wollfaden an der hinteren Schlaufe anbringen.

Das andere Ende an einem Stock befestigen, gut verknoten, eventuell ankleben.

Warum schwirrt der Schwirrvogel wie der Wind?

? **Gegenstände, die sich sehr schnell durch die Luft bewegen, machen merkwürdige Geräusche. Bei ihrem Flug müssen sie die Luft zur Seite schieben. Dabei entstehen viele unsichtbare Luftwirbel, in denen die Luftteilchen durcheinanderflitzen. Das hören wir als sausendes, rauschendes Geräusch – zum Beispiel, wenn große Vögel wie Schwäne oder Enten vorüberfliegen. Auch ein Segelflugzeug, das ja keinen Motor hat, rauscht laut durch die Luft.**
Auch die Luftwirbel, die der Schwirrvogel und die Schnur beim Kreisen machen, können wir nicht sehen. Aber wir hören sie. Die Luftteilchen in den Luftwirbeln prallen rasend schnell aufeinander. Die Luft fängt an zu erzittern. Das hören wir als Töne, genau wie die Töne, die mit einem Musikinstrument erzeugt werden. Je schneller wir den Schwirrvogel durch die Luft schwirren lassen, desto schneller zittert die Luft hinter ihm, desto höher sind die Töne, die wir hören. Die Schnur ist beim schnellen Flug straff gespannt – so ähnlich wie eine Geigensaite. Die schwingenden Luftteilchen bringen die Schnur zum Mitschwingen, und wenn der Vogel ganz schnell fliegt, dann fängt er an zu schwirren – wie der Wind.

Den Stock kreisförmig durch die Luft drehen, um den Vogel zum Fliegen zu bringen. (Darauf achten, daß niemand in der „Flugbahn" steht.)
Den Faden beim Drehen nun immer weiter um den Stock wickeln.
Beim Flug des Schwirrvogels entstehen windartige Geräusche.

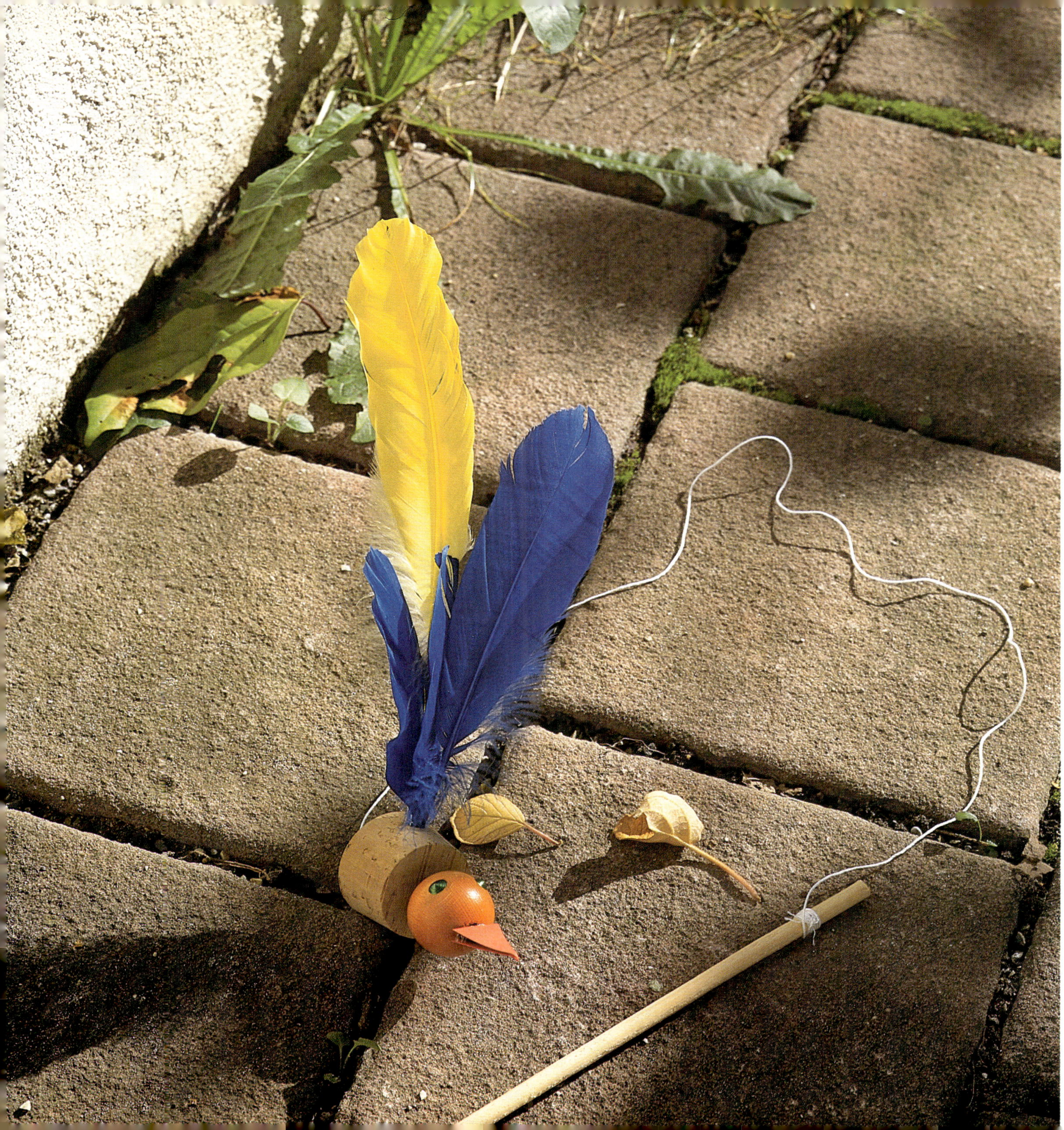

FLUGZEUGE

**Mit zwei Fingern hochwerfen –
und schon beginnen die Flugzeuge durch die Luft zu gleiten.**

BASTELMATERIAL

dünner Karton; Klebstoff; Schere
Flugzeug aus Balsaholz: Balsaholz, 0,5 mm
stark; Perle, 1 cm Ø; Stecknadel mit Kopf;
Rest Pappe; Cutter
Flugzeug aus Balsaholz und Wellpappe:
Balsaholzleiste, 20 cm lang; Wellpappe in Rot;
2 Pfennigstücke

VORLAGEN

Siehe Seite 90: Flugzeug 18a – 18c

BASTELANLEITUNG

Flugzeug aus Balsaholz: Für alle Flugzeugteile
zunächst Schablonen aus Karton ausschneiden.
Die Motive auf Balsaholz übertragen und ausschneiden.

In den Rumpf Schlitze für die Tragflächen und
Höhenruder schneiden, und die Teile zusammen-
stecken.
Ein Pappstück, 1 x 1 cm, und eine Perle auf
eine Stecknadel schieben, die Nadel in die
Vorderseite des Flugzeugs stecken und festkleben.
Sind die rechte und linke Seite nicht gleich
schwer, das Ungleichgewicht mit etwas Pappe
beheben.
Das Flugzeug mit zwei Fingern ungefähr in der
Mitte der Tragflächen am Rumpf halten – und
in die Luft werfen.
Flugzeug aus Balsaholz und Wellpappe:
Tragfläche und Höhenruder mit Hilfe von
Schablonen aus Wellpappe fertigen – die Rillen
verlaufen dabei parallel zum Rumpf. Mittig auf
eine Balsaholzleiste kleben.
An der Spitze oben und unten ein Pfennigstück
festkleben. Vor dem ersten Probeflug gut
trocknen lassen. Tragflächen leicht nach oben
biegen.

Warum kann die Luft Flugzeuge tragen?

? **Vögel und Flugzeuge sind
schwerer als Luft – und sie
haben es deshalb auch schwerer in der Luft. Sie müssen**
mit ihren Flügeln die Luftströmungen
nutzen. Ein Vogel schiebt beim Flügel-
schlag die Luftteilchen nach unten
und hinten. Die weggeschobene Luft
leistet Widerstand: Sie drückt von
unten nach oben und von hinten nach
vorne und stützt und schiebt auch
den Vogel. Nur weil die Luft dem Vogel
Widerstand bietet, kann er sich in die
Luft erheben.
Anders funktioniert die Sache bei einem
Flugzeug. Ein Flieger schlägt nicht mit
seinen Flügeln. Statt dessen saust er,

von Motoren angetrieben, durch die
Luft. Die Luft strömt an den Flügeln
vorbei. Unter den Flügeln ist der
Luftdruck größer, oberhalb ist der
Druck geringer. Deshalb zieht es das
Flugzeug in die Höhe – solange es
schnell genug unterwegs ist.
Aus dem gleichen Grund hält sich auch
ein Flugdrachen in die Luft. Aber es
gibt trotzdem einen Unterschied: Ein
Flieger schiebt sich durch die stehende
Luft; und beim Drachen schiebt sich
der Wind unter den an einer Schnur
hängenden Körper und drückt ihn
hoch. Läßt aber der Wind nach, fehlt
die Kraft, die den Drachen im Himmel
hält, und er fällt zu Boden.

WINDGEIST & PUSTEGEIST

Bei Wind beginnt sich der Windgeist sofort zu bewegen.
Der Pustegeist kann außerdem noch pusten.

BASTELMATERIAL

Filzstift; Klebstoff; Schere

Windgeist: Luftballon; dünner weißer Stoff
(z.B. Futtertaft, Gardine); Baumwollfaden in
Weiß; Moosgummi

Pustegeist: durchsichtige Plastiktüte
(z.B. Gefrierbeutel); Wäscheklammer; Faden;
Moosgummireste; Klebefilm; Stopfnadel

VORLAGE

Siehe Seite 90: Windgeist 19

BASTELANLEITUNG

Windgeist: Einen Luftballon aufblasen, zu-
knoten. Dünnen Stoff über den Ballon hängen,
der Knoten ist oben und wird in der Mitte des
Stoffes mit weißem Baumwollgarn festgebunden.

Den Faden außen zu einer Halteschlaufe
knoten. Weitere Fäden als Haare anbringen.
Ein Gesicht aus Moosgummi auf den Stoff
kleben.
Den Windgeist an der Schnur fassen, hochhalten
und dann loslaufen: Er schwebt mit wehendem
Gewand in der Luft hinterher.
Oder man hängt ihn irgendwo auf, wo er durch
Wind und Zugluft bewegt wird.
Pustegeist: Eine Plastiktüte aufblasen und
mit einer Wäscheklammer verschließen. Zarten
Stoff darüberlegen und an der Tüte festbinden
(die Klammer zeigt nach unten). Einzelne
kleinere Gesichtsteile auf den Stoff kleben.
In Mundhöhe mit einer Stopfnadel fünf bis sieben
Löcher in die Tüte einstechen. Einen schmalen
Klebestreifen darüberkleben. (Am Ende etwas
Papier als „Griff" zum Abziehen anbringen.)
Die Tüte wieder fest aufblasen und zuklammern.
Den Klebestreifen entfernen, die Tüte zu-
sammendrücken — und den Windgeist pusten
lassen! Wer spürt seinen Atem?
(Auch für den Windgeist kann man statt eines
Ballons eine Plastiktüte nehmen.)

Wie kann man Luft einfangen?

? Ein Ballon ist zusammenge-
drückte Luft mit einer dünnen
Haut rundherum. Wenn wir
ihn aufblasen, müssen wir
kräftig pusten. Wir füllen die Lunge
mit Atemluft. Dann ziehen die Brust-
muskeln die Rippen zusammen. Der
Platz für die Luft wird immer enger,
und der Luftdruck steigt. Die Luft
hat nur einen Ausweg: hinein in den
Ballon. Beim Pusten wird der Ballon
größer und größer – jetzt müssen wir
immer stärker pusten, denn die Luft
im Ballon drückt kräftig zurück.
Die Haut des Ballons will sich wieder
zusammenziehen, und gleichzeitig

wollen die Luftteilchen wieder mehr
Abstand zueinander haben. Und wenn
wir nicht fest genug blasen, dann
fließt ein Teil der Luft wieder zurück
in die Lunge.
Ein mit Atemluft gefüllter Ballon
wiegt ungefähr soviel wie seine Hülle.
Er ist also ganz leicht. Aber in ihm
steckt Kraft: Die Kraft in der zu-
sammengedrückten Luft des Ballons
ist so groß wie die Kraft, die wir
verwendet haben, um den Ballon
aufzublasen. Wir spüren diese ge-
speicherte Kraft, wenn wir den Ballon
leicht quetschen. Wir spüren dann
auch, daß Luft elastisch ist.

PUSTEVOGEL

**Bläst man in das Pusterohr hinein, wird der Vogel in seinem Nest lebendig.
Und er fliegt in die Luft.**

Was macht die Puste mit dem Pustevogel?

Wo Luft zusammengedrückt wird, sucht sie sich einen Ausweg. In einem Luftreifen oder einem Ball ist ihr der Ausweg versperrt, solange das Ventil geschlossen ist.

Auch im Mund und in der Lunge können wir die Luft zusammenpressen, wenn wir Mund und Nase zuhalten. Öffnen wir die Lippen ein wenig, so strömt die Luft mit großer Geschwindigkeit heraus. Je kleiner die Öffnung und je größer der Luftdruck im Mund ist, desto schneller bewegen sich die Luftteilchen ins Freie. Wer pfeifen kann, stellt die Lippen und die Zunge so, daß die ausströmende Luft durcheinanderwirbelt und einen hohen Ton erzeugt. Mit weit offenem Mund können wir nicht pfeifen – weil die Luft so langsam ausströmt. Mit offenem Mund können wir auch nicht pusten, sondern nur hauchen.

Die Luftteilchen haben viel Platz zum Ausströmen und fließen deshalb nur langsam aus dem Mund. Um einen schnellen Luftstrom zu erzeugen und etwas wegzupusten, müssen wir die Lippen spitzen.

Noch kräftiger können wir mit einem Pusterohr pusten. Hier wird die Luft durch ein Rohr geleitet und in die richtige Richtung gelenkt. Der gesammelte, schnelle Luftstrom drückt leichte Sachen, die im Weg sind, vorwärts, und unser Vögelchen hebt er in die Luft.

Wenn wir husten oder niesen müssen, dann pustet die Atemluft die Luftröhre oder die Nase frei. Zuerst sammelt sich Luft in der Luftröhre. Sie wird zusammengedrückt, und mit einem Schlag machen wir das „Ventil" auf. Mit dem Luftstrom werden Schleim und Staub aus der Luftröhre und aus der Nase gepustet.

BASTELMATERIAL

Kunststoffrohr (oder Papprohr), ca. 17 cm lang, 2,5 cm Ø; Sprühdosenverschluß oder Korken, 2,5 cm Ø; Filz in Braun und Grün; Vogelnest, 4,5 cm Ø (Bastelbedarf); Styroporkugel, 3 cm Ø; wasserfeste Filzstifte in Schwarz, Gelb und Rot; Klebstoff; Heißkleber; Kerze; Schere

BASTELANLEITUNG

Ein Kunststoffrohr (oder Papprohr) an einem Ende mit einem Sprühdosenverschluß oder einem Korken verschließen – den Verschluß einkleben.

Um später besser blasen zu können, das andere Ende des Kunststoffrohrs eventuell über einer Kerze erwärmen und zu einem Mundstück zusammendrücken (Vorsicht, der Kunststoff wird sehr heiß).

Das Rohr bis auf das Mundstück mit braunem Filz umkleben.

Aus einem kleinen Nest (Bastelbedarf) in der Mitte ein etwa 2 cm großes Loch herausschneiden. Dann das Nest auf das Blasrohr kleben.

In der Mitte des Nestes durch den Filz und das Blasrohr hindurch mit einer Scherenspitze ein etwa 3 mm großes Loch bohren. Die Schere drehen, um das Loch zu runden.

Blätter aus Filz ausschneiden und auf dem Rohr festkleben.
Eine Styroporkugel mit Filzstiften zu einem Vogel ausgestalten: Einen gelben Schnabel, schwarze Augen, rote Schwanz-, Kopf- und Flügelfedern aufmalen. Den Vogel in das Nest setzen.

SPIELIDEEN

1. Pustet man in das Blasrohr, hebt sich der Vogel aus dem Nest. Wer schafft es, den Vogel in die Luft und wieder in das Nest fliegen zu lassen?

2. Wer kann den Vogel am weitesten vom Nest wegblasen?

SPIEL & SPAß MIT LUFT

Pustekäfer

Ort: drinnen oder draußen

Einen Pustekäfer (Wattekugel, 14 mm ∅) in einen Flaschenhals setzen. (Die Wattekugel dafür eventuell als Marienkäfer gestalten: rot und schwarz bemalen, mit einem Gesicht und Füßen aus Moosgummi bekleben.)

Wetten, daß man es nicht schafft, den Käfer ganz in die Flasche zu pusten?

Der Pustekäfer fliegt — im Gegenteil — heraus aus der Flasche und direkt auf den Puster zu.

Flugtücher

Ort: draußen, ebener Boden

• Ein buntes Stofftaschentuch über das Ende eines Stockes legen. Den Stock fest in der Hand halten, und das Tuch hoch in die Luft werfen. Wer schafft es, das Tuch auch wieder aufzufangen?

• Zwei Kinder spielen gegeneinander. Zwischen ihnen ist eine Wäscheleine gespannt. Nun versucht jedes Kind, ein Taschentuch mit einem Stock über die Leine ins andere Feld zu befördern. Gelingt es? Und kann das andere Kind das Tuch auch fangen?

Schwungtuchspiele

Ort: draußen

• Eine große dünne Abdeckfolie im Freien ausbreiten. Die Kinder stellen sich rings um die Folie auf, heben sie jeweils mit beiden Händen hoch und senken sie auf den Boden ...
Die Folie wieder hochhalten, dann schnell herunterziehen. Beobachten, wie die Luft eingefangen wird und wie lange sie braucht, um ganz zu entweichen.

• Leichte Dinge wie Blätter, Federn, Papierflieger, Luftballons auf die Folie legen und mit der Folie in die Luft werfen ...

• Die Gruppe wird durchgezählt: eins, zwei, eins, zwei ... Die Kinder halten die Folie hoch, und alle mit der Nummer eins laufen jetzt unter die Folie. Sobald die Folie wieder gesenkt wird, müssen sie nach außen zurücklaufen — ohne die Folie zu berühren ...

• Die Folie in kleinere Stücke schneiden und an einzelne Kinder verteilen. Die Kinder halten ihre Folie wie eine Fahne hoch in der Hand und laufen los ... Sie fassen sie mit beiden Händen, halten sie wie ein Dach über sich und laufen, hüpfen oder springen ...

Wolkentiere

Ort: draußen, eventuell teilweise drinnen

Gemeinsam mit den Kindern die Wolken beobachten. Versuchen, verschiedene Tiere und Figuren zu erkennen.

Ein Kind benennt ein Wolkentier, die anderen suchen. Sehen sie das gleiche Tier?

Die Wolken fliegen weg und lösen sich auf. Kann man diese Tiere festhalten?

Jedes Kind druckt oder malt mit den Fingern und weißer Deck- oder Fingerfarbe ein weißes Wolkentier auf weißes Zeichenpapier.

Gut trocknen lassen. Dann mit einem Schwämmchen auf das ganze Papier blaue Wasser- oder Fingerfarbe auftragen oder aufdrucken — bis nur noch das Wolkentier weiß ist.

Alle Wolkentiere aufhängen oder auf dem Boden ausbreiten. Jetzt darf wieder geraten werden: Ein Kind beschreibt oder benennt ein Wolkentier. Wer entdeckt dieses Tier als erster?

Windkinder

Ort: draußen, eventuell auch großer Raum

Die Kinder schlüpfen in die Rolle von Blättern und vom Wind. Alle stehen im Kreis. Ein Kind ist der Wind und steht in der Kreismitte.

Die anderen fassen sich an den Händen und gehen im Kreis um den Wind herum. Sie fordern ihn auf, mit ihnen zu spielen:

„Wind, Wind, fang uns doch,
wir wollen mit dir fliegen.
Doch damit's auch lustig wird,
mußt du uns erst kriegen."

Jetzt laufen die Blätterkinder in alle Richtungen davon. Das Windkind muß ein Blätterkind fangen und es ein-, zweimal im Kreis um sich herum schleudern, dadurch wird das Blätterkind zu einem Windkind. Und in der nächsten Runde stehen nun schon zwei Windkinder im Kreis ...

Pustetüte

Ort: drinnen oder draußen

Eine ringsum verschlossene, leere Tüte liegt vor den Kindern; an einer Ecke ragt ein Pustehalm heraus (siehe Bastelanleitung). Auf der Tüte hockt — zunächst ganz ruhig ein „Steinbeißer" (runder Stein). Wenn man jetzt in die Tüte pustet, dauert's nicht lange — und der Steinbeißer purzelt herunter.

1. Wer schafft es mit den wenigsten Pusteversuchen, den Steinbeißer herunterpurzeln zu lassen?

2. Wetten, daß es nicht jeder schafft, den Steinbeißer herunterzubefördern? Es gelingt nicht, wenn der Steinbeißer genau in der Mitte der Tüte hockt (und ziemlich rund ist).

3. Gespielt wird mit zwei „Wiesen" und zwei „Steinbeißern".

Die Kinder würfeln abwechselnd mit zwei Würfeln: Bei zwei gleichen Zahlen darf man einmal pusten und den Pustehalm dann zuhalten. Bei zwei verschiedenen Zahlen darf man auch pusten, aber die Öffnung nur verschließen, wenn die Augenzahl höher als sieben ist. Wer kippt den Steinbeißer als erster von seiner Wiese?

BASTELMATERIAL

Plastiktüte; Plastiktrinkhalm; Klebeband; Seidenpapier; runde Steine, 6 – 8 cm ⌀; Moosgummi in Schwarz und Weiß; Dekorlack; Kraftkleber; Klebestift; Schere

BASTELANLEITUNG

Pustetüte: Den oberen Rand einer Plastiktüte gerade abschneiden. An einer Seitennaht einen Trinkhalm zu zwei Dritteln ins Innere der Tüte schieben und mit Klebeband am Tütenrand oben in der Ecke befestigen. Die Tüte mit Klebeband luftdicht verschließen.

Die Tüte nach Belieben mit geknittertem grünen Seidenpapier als Wiese und mit Blumen bekleben (Klebestift).

Steinbeißer: Steine mit Beinen aus schwarzem und Zähnen aus weißem Moosgummi versehen. Augen aufmalen.

ERDE

ERDE MIT DEN SINNEN ERLEBEN

Erde sehen

Erde kann feucht sein wie Gartenerde nach dem Regen oder trocken wie der Boden der Wüste. Sie kann fett glänzen und in dicken Klumpen auf dem Spaten kleben oder locker davonrieseln wie Sand; Erde kann schwer sein wie Lehm oder leicht wie Torfmull. Erde kann gelb sein oder braun, rötlich und sogar schwarz. Und sie kann fruchtbar sein wie im Gemüsebeet oder kahl und leblos wie in der Wüste.

Fruchtbare Erde ist fast immer von einem Pflanzenkleid bedeckt. Denn in ihr stecken Samen von Pflanzen, die darauf warten, im Sonnenlicht auszutreiben. Es muß nur warm und hell genug sein, und es muß genug geregnet haben. Dann dauert es bloß ein paar Tage, und die Erde ist von einem Pflanzenkleid überzogen. Den nackten Erdboden sehen wir nur dort, wo er gerade umgegraben oder umgepflügt wurde oder wo nichts wachsen kann: in der Wüste oder hoch im Gebirge.

Wenn wir eine Schaufel voll fruchtbarer Gartenerde genau anschauen, sehen wir, daß sie aus lockeren Krümeln besteht, mit abgestorbenen Wurzeln und Wurzelhärchen dazwischen. Vielleicht sehen wir auch einen Regenwurm oder zumindest die Gänge, die er gegraben hat.

Aber in der Erde wohnen auch Millionen von Lebewesen, die viel zu winzig sind, um gesehen zu werden.

Doch genau diese Wesen machen toten, steinigen Boden zu lebendiger, fruchtbarer Erde.

Erste Versuche: • Bei Spaziergängen auf die Erde schauen. Wie kann der Boden beschaffen sein? Was entdeckt man alles auf der Erde? Hier und da Erde mitnehmen, später dann genau untersuchen, auch einmal durch eine Lupe schauen und vergleichen.

• Trockene Erde und feuchte Erde vergleichen. Trockene Erde gießen.

• Samen und kleine Pflänzchen in Erde stecken, regelmäßig gießen und das Wachstum beobachten.

Erde riechen

Erde kann man riechen. Je fruchtbarer sie ist, desto stärker ist ihr Duft. Der Geruch stammt von abgestorbenen Pflanzen und Überresten von Tieren, die in der Erde verrotten und verwesen. Dabei lösen sich unsichtbar kleine Teilchen ab. Sie gelangen in die Luft und über die Luft in unsere Nasen. Dann können wir die Erde riechen. Wenn ein Bauer ein Feld umpflügt, riechen wir den Duft der Erde besonders deutlich. Denn nun steigen unzählige Duftteilchen in die Luft auf.

Trockenen Sand dagegen können wir nicht riechen. Er ist ebenso geruchlos wie Stein. Sand ist zerriebenes Gestein und besteht daher aus denselben leblosen Stoffen.

Erste Versuche: • Bei Spaziergängen versuchen, Erde zu riechen.

• Kies, Sand und fruchtbare Erde in verschiedene Behälter füllen. Allein durch Schnuppern die fruchtbare Erde herausfinden.

Erde spüren

Gärtner und Bauern nehmen Erde in die Hand und zerreiben sie zwischen den Fingern. So können sie fühlen, mit welcher Art von Erde sie es zu tun haben und welche Pflanzen am besten in ihr wachsen.

Auch wir können spüren, daß sich die Erde aus einem Blumentopf anders anfühlt als Walderde oder ein Klumpen Erde, der von einer Wiese stammt.

• Torferde fühlt sich weich und elastisch wie ein Schwamm an und ist sehr leicht. Sie besteht hauptsächlich aus abgestorbenen Pflanzenstengeln, die noch nicht verrottet sind. Dazwischen sind Luftpolster eingeschlossen — wie in einem Schwamm. Deshalb saugt Torferde auch Wasser auf und hält sie fest.

• Komposterde entsteht im Komposthaufen. Hier verrotten tote Pflanzen, und Essensreste — sie werden von den winzigen Lebewesen in der Erde verdaut und in fruchtbare Erde verwandelt. Komposterde ist leicht und krümelig. Manche holzigen Stengel brauchen länger zum Verrotten, und wir können sie in der Erde noch ertasten.

• Aus einer bestimmten Art von Erde, nämlich aus Lehm, kann man Dinge formen. Trockener

Lehm ist hart und rissig. Man muß ihn feucht machen und durchkneten, bis er weich und geschmeidig ist. Dann kann man aus dem Lehm Figuren machen, und er behält diese Form, wenn er wieder austrocknet.

• Sandige Erde dagegen zerrinnt uns zwischen den Fingern.

Das Pflanzenkleid sorgt dafür, daß die Erde auch an heißen Sommertagen kühl bleibt. Wie ein Schutzschirm wehren Gras, Blumen und Bäume die sengenden Sonnenstrahlen ab. Wenn wir mit dem Spaten ein Stück Rasen ausstechen und die Unterseite anfassen, spüren wir, wie kühl hier die Erde ist. Kühle Erde hilft zum Beispiel bei einem Bienenstich: Etwas Erde ausstechen und auf die Haut auflegen, der Schmerz wird bald verschwinden.

Im Winter ist die Erde dagegen wärmer als die kalte Oberfläche. In unserer Gegend ist nur eine dünne obere Schicht zu einer eiskalten Kruste gefroren. Ein Spatenstich tiefer ist die Erde nicht mehr eisig. Viele Lebewesen wie Würmer, winzige Spinnen, Ameisen und andere Tierchen kriechen deshalb im Winter tiefer unter die Erde.

Wenn wir noch tiefer graben, kommen wir in Schichten, wo die Erde im Sommer und im Winter immer gleichmäßig kühl ist. Weder die sommerliche Sonnenwärme noch der winterliche Frost dringt tief genug ein. Wenn es oben heiß ist, fühlt sich der Boden im Erdkeller oder in einer Höhle kühl an. Wenn aber draußen Frost herrscht, ist es in der Erde warm.

In Wirklichkeit ist die Temperatur tief drunten immer gleich.

Erste Versuche: • Kleine Erd-, Sand- und Kieshaufen aufwerfen: aus trockener und

feuchter Erde, trockenem und feuchtem Sand, trockenem und feuchtem Kies ... Das Material anfassen.

Kleine Schätze in den Haufen verbergen und die Kinder suchen lassen.

Gemeinsam besprechen, wie sich die verschiedenen Materialien anfühlen.

• Mit geschlossenen Augen in ein Schälchen trockene Erde füllen, in das nächste Schälchen feuchten Kies ...

• Erde, Sand und Kies naß machen, damit sie sich besser verarbeiten lassen. Bauwerke sollen entstehen. Welches Material paßt zu welchem Bauwerk? Zum Beispiel eignet sich Sand für eine Burg, Erde für einen Wall, Kies für Wege.

DAS ELEMENT ERDE BEGREIFEN

Wieviel Erde gibt es auf der Erde?

Die Erde ist ein Himmelskörper, der hauptsächlich aus glühenden Gesteinen besteht und von erstarrtem Gestein überzogen ist. Diese Gesteinsschicht ist vierzig Kilometer dick! Erde nennen wir auch die dünne Schicht an der Oberfläche, die aus zerfallenen Steinen und verrotteten Überresten von Tieren und Pflanzen besteht. Dieser fruchtbare Überzug macht das Leben der Landtiere und Menschen überhaupt erst möglich. Die Erdschicht ist stellenweise nur ein paar Zentimeter dick, zum Beispiel im tropischen Regenwald. Auch bei uns ist sie an vielen Stellen dünn. Gräbt man ein Loch, trifft der Spaten bald auf Schotter, Sand oder Felsen. Anderswo beträgt die Erdschicht einige Dutzend Meter.

Warum ist Erde so kostbar?

Ohne Erde gäbe es keine Pflanzen, ohne Pflanzen keine Tiere und Menschen. In den fruchtbaren Gebieten ist die Erde immer mit Pflanzen bedeckt. Doch das ist nur bei einem Zehntel der Erdoberfläche so. Etwa sechs Zehntel sind mit Wasser bedeckt. Der Rest besteht aus unfruchtbaren, steinigen oder sandigen Wüsten, aus felsigen Gebirgen oder ist mit Eis bedeckt. Fruchtbare Erde ist daher ein kostbarer Stoff. Sie entsteht zwar immer neu, kann aber auch schnell verschwinden. Wind kann Erde forttragen, starker Regen kann sie wegwaschen, Sonne kann Erde austrocknen und in Staub verwandeln, gefährliche Stoffe können sie vergiften.

Wie entsteht Erde?

Erde entsteht dort, wo Steine und Felsen durch Wind und Regen verwittern. Sie zerbersten im Frost, werden vom Sturm aufgerieben, vom Wasser ausgewaschen und an den Küsten von den Wellen zerschlagen.
Hier siedeln sich zuerst Bakterien, Pilze und Algen an. Auf diesem dünnen, aber lebendigen Untergrund können anspruchslose Pflanzen wurzeln. Sie holen sich ihre Lebenskraft aus dem Licht der Sonne, aus der Luft und aus dem Wasser. Diese Lebewesen sterben ab, ihre Überreste bilden Nährstoffe und vermischen sich mit den Gesteinskrümeln.
Im Lauf von vielen Jahren entsteht eine dickere Schicht von fruchtbarer Erde, auf der nun anspruchsvollere Pflanzen wachsen. Sie werden von Tieren gefressen, und die toten Tiere und Pflanzen werden von den Bakterien abgebaut. Sie verrotten zu einer nährstoffreichen Substanz, die man Humus nennt.
Mit der Zeit werden Gebiete, die einstmals nackter Felsen waren, fruchtbar.

Warum ist Erde so verschieden?

In verschiedenen Gegenden der Erde ist die Erde verschieden aufgebaut. Es kommt darauf an, welche Gesteine den Boden bilden. Fette Lehmerde gibt es zum Beispiel dort, wo das Gestein feine Quarzkörnchen und Ton enthält. Magere Erde ist mit Sandkörnern vermischt. Torferde besteht fast nur aus Pflanzenresten, die noch nicht ganz verrottet sind.
Auch das Klima verändert die Zusammensetzung der Erde. In heißen Gegenden liefert die Sonne so viel Kraft, daß sich der Kreislauf des Lebens sehr schnell abspielt. Organische Überreste verrotten schon an der Oberfläche und bilden neue Pflanzen, so daß der Boden selbst nur wenig Nährstoffe enthält. In sehr kalten Gegenden fehlt es den Pflanzen an Wärme. Wo es zuviel regnet, werden die Nährstoffe aus dem Boden gewaschen, und in trockenen Gebieten fehlt es Pflanzen an Wasser.

Am fruchtbarsten ist die Erde dort, wo es nicht zu heiß und nicht zu kalt ist — zum Beispiel in unseren Gegenden. Hier sammeln sich die Nährstoffe im Boden an und bilden eine dicke Humusschicht.

Was hält das Leben auf der Erde in Gang?

Das ganze Leben in und auf der Erde wird von der Sonne in Gang gehalten. Die Sonnenstrahlen schicken Energie auf die Erde, die von den Pflanzen mit ihren Blättern aufgenommen werden. Aus Licht, aus dem in der Luft enthaltenen Gas Kohlendioxid, aus Wasser und aus den Nährstoffen im Boden bauen die Pflanzen die Stoffe (zum Beispiel Kohlenhydrate und Eiweißstoffe) auf, aus denen sie bestehen. Und diese Stoffe kehren wieder in die Erde zurück. Entweder sterben die Pflanzen ab und verrotten — das heißt, sie werden von Bakterien gefressen —, oder sie dienen Tieren als Nahrung. Auch diese Tiere sterben und werden wieder zu Erde. Das Leben erzeugt sich selbst die Grundlage, auf der es gedeihen kann. Und der Kreislauf des Lebens im fruchtbaren Boden wird von der Kraft der Sonne in Schwung gehalten.

Woher kommen Felsen und Steine?

So wie alles auf der Welt ist auch die Erdkugel irgendwann einmal entstanden. Vor unendlich langer Zeit ballten sich Gase und Staub zusammen und bildeten eine glühende Kugel aus Gestein. Mit der Zeit kühlte der Erdball ab. An der Oberfläche erstarrte das Gestein. Es entstand eine Kruste — das ist das feste Land, auf dem wir Menschen, die Tiere und die Pflanzen leben. Die Felsen und Steine, die wir an der Erdoberfläche sehen, haben viele verschiedene Formen, Farben und Härten. Doch sie alle sind auf nur drei Arten entstanden:

• Entweder sie stammen aus einem Vulkan, der irgendwann, vielleicht vor Millionen von Jahren, glühendes Gestein aus dem Inneren der Erde gespuckt hat.

• Oder in den Meeren der Urzeit sind winzige Bestandteile, zum Beispiel die Schalen von Meerestieren, zu Boden gesunken. Im Lauf von vielen Millionen Jahren haben sich mächtige Schichten gebildet.

• Manche Arten von Gestein sind erst entstanden, als sich Gebirge zusammenschoben. Die Felsen wurden zusammengepreßt, und durch den Druck wurden sie so heiß, daß sie ihre Gestalt änderten.

Wie kommen Höhlen in die Erde?

In manchen Gegenden der Erde ist der Felsen unter unseren Füßen löchrig wie ein Schwamm. Durch die Felsen ziehen sich Gänge und Höhlen, und manchmal fließen sogar unterirdische Bäche. Solche Höhlensysteme gibt es in Kalkfelsen, zum Beispiel in den Alpen oder auf der Schwäbischen Alb. Die Regentropfen, die durch die Luft fallen, nehmen kleine Säureteilchen mit. Diese schwache Säure löst mit der Zeit den Kalkfelsen auf. Das Wasser kann sich Höhlen und Gänge graben und sickert sofort ein. Die Höhlen unter der Erde können groß wie Häuser werden und riesige, finstere Hallen bilden. Solche Gegenden sind meistens unfruchtbar, weil das in den Felsen versickernde Wasser auch die Nährstoffe aus der Erde mit in die Tiefe nimmt. In anderen Gebieten ist das Gestein für das Wasser nicht durchlässig. Das Wasser sammelt sich unter der Erdschicht, und wenn man ein Loch gräbt, trifft man auf Grundwasser.

Warum kann die Erde Feuer spucken?

In den Tiefen der Erde ist es so heiß, daß dort alles Gestein schmilzt. Den glühenden, flüssigen Gesteinsbrei nennt man Magma. Darüber liegt eine Kruste aus festem, abgekühltem Gestein. Man müßte ein vierzig Kilometer tiefes Loch bohren, um an das Magma zu kommen. An manchen Stellen der Erde gibt es jedoch Risse in der Erdkruste. Sie entstehen, weil sich das Magma ständig durch das Erdinnere wälzt und die Teile der Erdkruste langsam verschiebt. Wo es solche Risse gibt, kann das glühende Gestein aus dem Erdinneren wie durch ein Ventil ausströmen. Solche Ventile sind die Vulkane. Sie spucken glühendes Gestein aus, das man nun Lava nennt, und außerdem Gase und Asche. Ströme aus glühender Lava sind über tausend Grad heiß und können zwanzig Meter tief sein. Sie vernichten und verbrennen alles, was ihnen im Weg steht. Jahr für Jahr brechen auf der Erde ungefähr zwanzig Vulkane neu aus. Manche Vulkane sind auch die ganze Zeit aktiv. Der Stromboli in Italien zum Beispiel schleudert dreimal in der Stunde glühende Asche in den Himmel. Insgesamt gibt es auf der Erde etwa sechshundert tätige Vulkane.

TERRARIUM

**Ein Terrarium für kleine „Schätze" aus der Natur.
Da macht es Spaß, auf die Suche zu gehen.**

BASTELMATERIAL

Schachtel; durchsichtige Geschenkfolie; Klebstoff; Schere
Tiere: siehe Bastelanleitung

BASTELANLEITUNG

In eine Schachtel zwei gegenüberliegende Fenster schneiden, und transparente Folie hinter die Öffnungen kleben. Eventuell die Schachtel mit Tonpapier verkleiden und die Kanten mit Veloursband verzieren.
Das Terrarium mit allen möglichen Naturmaterialien, die sich draußen auf der Erde finden, und nach Belieben mit kleinen gebastelten Tieren ausstatten.
Maus: Etwa sieben Lagen Haushaltspapier mit Kleister aufeinanderkleben und formen. Nach dem Trocknen anmalen und ausgestalten.
Ameise: Wattekugeln für den Körper und den Kopf bemalen und mit Biegeplüsch verbinden. Beine und Fühler aus Biegeplüsch ankleben.
Wurm: Kleine Pompons aneinanderkleben. Mit Perlen ein Gesicht andeuten.
Käfer: Eine halbe Wattekugel als Bauch und eine Wattekugel als Kopf aneinanderkleben. Sechs Beine aus Tonpapier unter den Körper kleben. Den Käfer auf ein Blatt setzen. Flügel und Fühler fixieren.

AKTION

Gemeinsam „untersucht" man mit den Kindern ein Stück Erde. Was enthält sie alles? Dann werden die Kinder aufgefordert, über einen gewissen Zeitraum hinweg immer wieder zu schauen, was sich auf der Erde findet, sei es im Garten oder in einem Park, im Wald oder am Strand: Blätter, Zweige, Steine, Sand, Moos, Muscheln, Schneckenhäuser, Früchte von Bäumen und Büschen ... All das sammeln die Kinder — nach genauem Betrachten — in einem Terrarium. Entdecken die Kinder kleine Tiere, können diese nachgebastelt und auch in das Terrarium gesetzt werden.

Woraus besteht Erde?

? **Fruchtbare Erde ist eine Mischung aus toten Dingen wie Sand oder zerriebenem Gestein – und aus Überresten von Tieren und Pflanzen. Luft lockert die Erde auf, Wasser hält sie feucht. Außerdem sind Nährstoffe in der Erde und Mineralstoffe, die aus Gesteinen stammen, zum Beispiel Stickstoff, Phosphor oder Kalk. Sie müssen in bestimmten Mengen vorhanden sein, damit die Erde fruchtbar ist. Wo sie fehlen, düngen die Bauern ihre Äcker. In der Erde hausen außerdem unfaßbare Mengen von kleinen Lebewesen: Bakterien, Pilze und Kleintiere. Nur wenige sind so groß, daß wir sie sehen können. Ein Teelöffel fruchtbare Erde enthält hundertmal mehr Lebewesen, als Menschen auf der Erde sind. Diese winzigen Lebewesen verändern die Zusammensetzung der Erde, indem sie die Überreste von Pflanzen und Tieren fressen und wieder verdauen. Auch Regenwürmer düngen die Erde. Sie fressen abgestorbene Pflanzenteile und scheiden sie als fruchtbare Erde wieder aus. Viele andere Tiere leben in der Erde: Ameisen, Termiten und größere Tiere wie Maulwürfe und Wühlmäuse. Sie alle wühlen die Erde auf und durchmischen sie. Auf diese Weise befördern sie Mineralstoffe aus den unten liegenden Gesteinen hinauf in die oberen Erdschichten.**

KRESSETIERE

**Den Rücken der Kressetiere nur immer schön mit Wasser besprühen:
Dann sprießen schon bald grüne Blättchen.**

BASTELMATERIAL

Blumenerde; Kressesamen; Klebstoff; Schere
Schildkröte, Käfer: Tonschalen, 8 cm Ø; Moosgummi in Schwarz, Hautfarbe, Rot; wasserfester Filzstift in Schwarz; Dekorlack in Weiß und Schwarz

Rüsseltier: Plastikbecher, ca. 4,5 cm hoch; Rupfen in Blau; Filz in Rot; Moosgummi in Weiß; Dekorlack in Schwarz

VORLAGEN

Siehe Seite 90: Schildkröte 20; Käfer 21

BASTELANLEITUNG

Schildkröte und Käfer: Körper und Bäckchen aus Moosgummi anfertigen. Den Mund einzeichnen oder mit einer spitzen Schere ausschneiden. Augen, Nasenlöcher und Zehen mit Dekorlack auftupfen.

Tonschalen mit Erde füllen, Kressesamen aufstreuen und andrücken. Auf die Tierformen stellen, eventuell festkleben.

Am besten mit einer Wäschespritze feucht halten.

Rüsseltier: Rupfen auf runden Plastikbecher stellen, rundherum mit 3 cm Zugabe ausschneiden, dabei an einer Seite (ganze Breite) 14 cm überstehen lassen. Den Rupfen auf den Becher legen, über der Becheröffnung jeden zweiten Querfaden durchtrennen und herausziehen. Den überstehenden Rand in Abständen bis zum Becherrand einschneiden.

Den Becher hügelartig mit Erde füllen, Kressesamen aufstreuen und gut andrücken.

Den Rupfen über den Becher legen und mit den eingeschnittenen Laschen außen festkleben.

Die lange, überstehende Seite von rechts und links einrollen, und die Rolle in Abständen

Warum brauchen Pflanzen Erde?

Nur mit Hilfe von Erde, Wasser, Sonne und Luft können aus Samen überhaupt Pflänzchen werden.

• Sie brauchen Erde, in die sie ihre Wurzeln schlagen können. Die Wurzeln sammeln Nährstoffe, die in der Erde enthalten sind. In trockenem Sand kann nichts wachsen. Denn Sand ist zerriebener Stein, der keine Nährstoffe hat.

• Die Pflänzchen brauchen Wasser. Sie nehmen es mit feinen Wurzelhärchen aus dem Boden auf, dann steigt es durch die Wurzeln hoch bis in die Zellen der Blättchen.

• Sie brauchen Sonne. Ihre Strahlen spenden Wärme und bringen Licht. Die Blättchen fangen Sonnenstrahlen ein. Mit der Kraft des Sonnenlichts können sie aus den Nährstoffen, aus Wasser und Luft Wurzeln, Stengel, Blüten und Blätter aufbauen.

• Gleichzeitig brauchen die Pflänzchen Luft. Die Luft, die uns umgibt, ist eine Mischung aus verschiedenen Gasen. Es wirkt wie ein Wunder, daß aus einem dieser Gase (Kohlendioxid) zusammen mit Wasser und Nährstoffen eine richtige Pflanze entsteht.

So wird aus einer Haselnuß ein Haselnußstrauch, aus einem Kirschkern ein Kirschbaum, aus einem Weizenkorn ein Weizenhalm – und aus einem Kressesamen wird ein Kressepflänzchen.

Manche Pflanzen, zum Beispiel Bäume, brauchen viele Jahre, um erwachsen zu werden. Unsere Kresse ist viel flinker. Nach ein paar Tagen sind unsere Erdgeister schon grün.

von 1,5 cm mit einem Rupfenfaden zum Rüssel zusammenbinden.

Die oben liegenden Längsfäden auf der Becheröffnung ebenfalls durchschneiden und entfernen — so werden die Gitterlöcher größer. Ein Stück Rupfen rund um den Becher kleben.

An der Unterseite des Bechers Füße aus rotem Filz fixieren. Moosgummikreise als Augen aufkleben, Pupillen aufmalen.

Den Rücken des Rüsseltiers nun mit einer Wäschespritze immer gut feucht halten, bis er grün wird.

LEHM

**Lehm formen, das ist ein besonderes Erlebnis.
Da wird jeder zu einem kleinen Künstler.**

AKTIONEN

Der Besuch einer Ziegelei ist für Kinder ein großes Erlebnis. Hier können sie das Rohmaterial, die Lehmerde, vor Ort „erkunden". Sie lernen Ziegelrohlinge und den Brennvorgang eines Ziegels kennen.

In Ziegeleien oder Kieswerken kann man auch Lehmerde zum Modellieren bekommen.

Zunächst werden die Kinder mit trockener Lehmerde vertraut gemacht. Sie dürfen die Lehmerde betrachten, befühlen, beschnuppern, sie dürfen die Lehmerde sieben und mit Wasser vermengen.

Dann trockene Lehmerde zum Modellieren vorbereiten: Mit etwas Wasser vermengen und mit den Händen gut durchkneten, bis eine geschmeidige Knetmasse entsteht.

Auch ganze Ziegel können eingeweicht und mit den Händen zu einer beliebigen „Skulptur" oder einer Landschaft geformt werden. Landschaften ganz verschiedenartig gestalten: mit großen und kleinen Mulden und Erhebungen, mit gefurchten, rauhen und glatten Oberflächen ...

Um Hütten zu bauen, Lehmerde mit kleinen Strohstücken vermengen. Am besten ein Grundgerüst aus Weiden oder Hölzchen und Schnur oder Bast anfertigen. Dieses dann mit der Lehmmasse verkleiden.

BASTELMATERIAL

Lehmerde; Wasser; kleine Schüssel; Ausstechformen; Messer; Bast; evtl. kleine Holzkugeln; Zweig; Bastelspieß

BASTELANLEITUNG

Modelliermasse vorbereiten. Dann am besten auf einer glatten, abwischbaren Unterlage arbeiten. Aus der Erde einzelne Kugeln formen. Einen Teil der Kugeln flach drücken und mit Ausstechformen Motive, zum Beispiel Sterne und Mond, ausstechen. Oder mit einem Messer Formen ausschneiden.

Mit einem Bastelspieß Aufhängelöcher durch die Formen stechen. Bast doppelt durchziehen, eventuell zusätzlich kleine Holzperlen auffädeln. An der Luft trocknen lassen, dann die Formen an Zweigen befestigen.

Warum sind Backsteine so hart?

? **Wind und Wetter machen dem härtesten Felsen zu schaffen. Er verändert sich und bröckelt ab. Diesen Vorgang nennt man Verwitterung. Schuld daran sind die chemischen Stoffe im Wasser und in der Luft und auch die Kräfte von Wind, Wellen, fließendem Wasser und Eis. Im Lauf von vielen tausend Jahren löst sich selbst der härteste Granitstein in seine Bestandteile auf: Aus seinen harten Körnchen wird Sand, aus weicheren Teilen wird Lehm.**

Lehm können wir gut formen, solange er feucht ist. Die Wasserteilchen sorgen dafür, daß sich die Lehmteilchen aneinander schmiegen und aneinander haften bleiben. Sobald der Lehm dann austrocknet, wird er starr. Die Wasserteilchen sind verschwunden. Weichen wir die Lehmform ein, wird der Lehm wieder formbar.

Große Hitze allerdings läßt Lehm ein für allemal versteinern. Wenn man einen weichen Lehmziegel im Ofen brennt, wird er zu einem harten Backstein – einem gebackenen Stein. Auch wenn man ihn wieder einweicht, bleibt er hart und spröde und läßt sich nicht mehr formen.

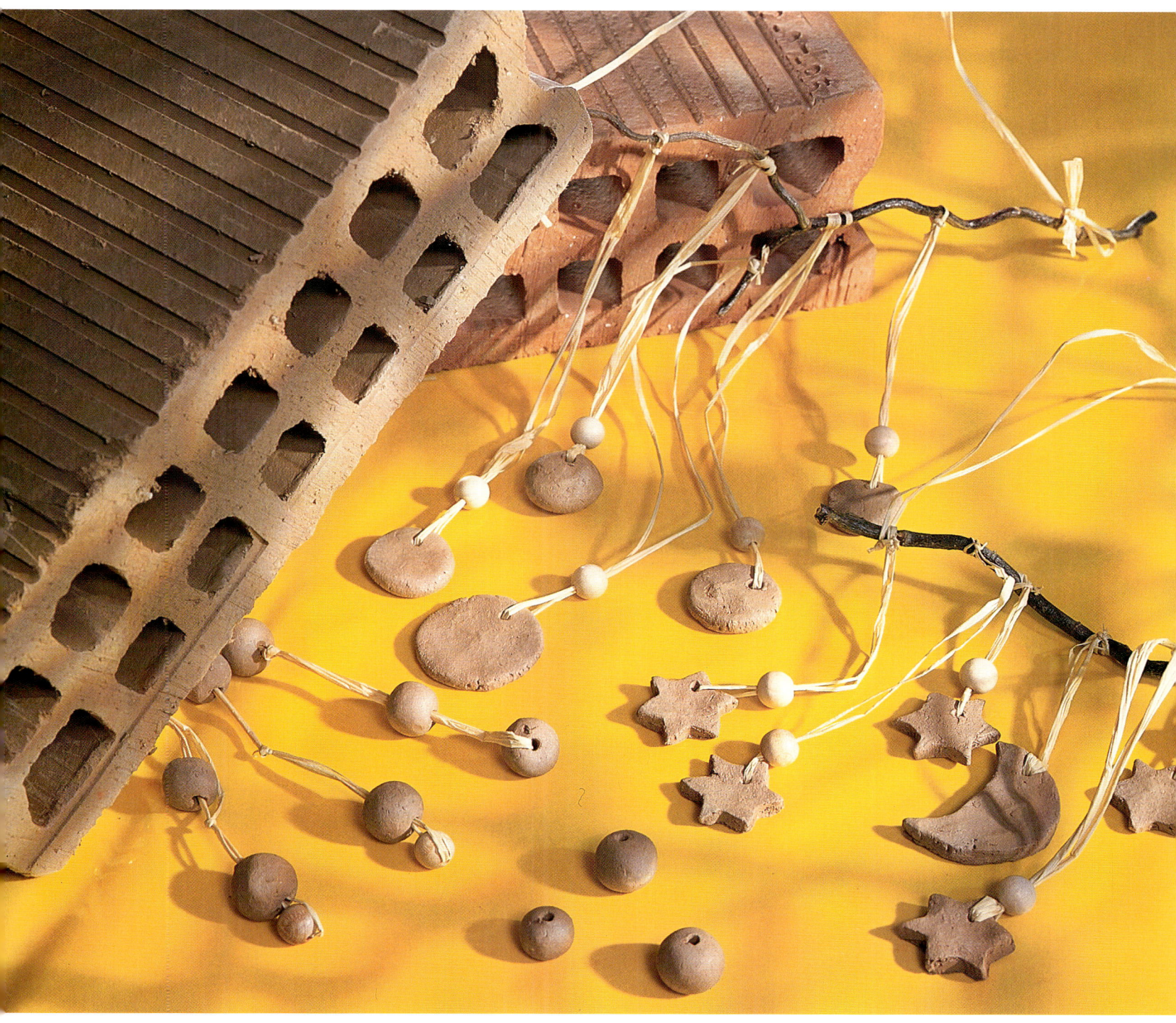

STEIN- & SANDMUSEUM

Wenn man Steine und Sand sammelt und ein kleines Museum macht, muß jeder staunen: über die Vielfalt an Farben, Formen, Arten.

STEINMUSEUM

AKTION

Mit den Kindern Steine suchen, die schön aussehen oder sich gut anfühlen. Besonders geeignet ist eine Kiesgrube, hier findet man viele unterschiedliche Steine: runde, eckige, getupfte, gestreifte, rote, grüne, weiße ...

Manche erinnern an ein Tier, manche sind wie Puzzlesteine, die auseinandergefallen sind und die man wieder zusammenfügen kann.
Steine, die man für ein kleines Museum ausgesucht hat, gut reinigen. Damit die Farben besonders schön zum Vorschein kommen, die Steine am besten lackieren oder in einem Gefäß mit Wasser aufbewahren.

Will man eine Ausstellung machen, Bänke, Hocker und Tische mit Tüchern bedecken, und die Steine dort nach Themen sortieren. Kleine Schilder weisen auf die Besonderheiten der einzelnen Steine, den Fundort und den Besitzer hin. Jetzt noch Plakate und Eintrittskarten malen. Vielleicht finden sich auch Kinder, die Besucher durch die Ausstellung führen.

Warum sind Steine so verschieden?

? Es gibt viele hundert Arten von Steinen. Alle bestehen, ähnlich wie ein Zuckerwürfel, aus regelmäßigen winzigen Körnchen und Kristallen. Diese nennt man Mineralien. Aber manche Steine setzen sich aus nur einer einzigen Mineralart zusammen, andere aus mehreren. Bergkristall besteht zum Beispiel ganz aus Quarz. Granit ist eine Mischung aus Quarz, Feldspat und Glimmer und kann hellgrau bis pechschwarz sein. Die Bestandteile wurden vor langer Zeit im Innern der Erde zusammengeschmolzen. Andere Steine, zum Beispiel weiße

Kalksteine, bestehen aus Mineralien, die in den Knochen, Muscheln und Schalen von Meerestieren enthalten waren. Solche Überreste lagerten sich vor langer Zeit in gewaltig hohen Schichten am Meeresboden ab und wurden von ihrem eigenen Gewicht zu Stein zusammengepreßt. Kalkstein gibt es aber auch im Gebirge, zum Beispiel in den Alpen. Diese Felsen lagen vor langer Zeit auf dem Grund von Meeren.
Im Laufe von Millionen Jahren verändern sich Steine und Felsen. Aus Granit wird durch Wind und Wetter Lehmerde und Quarzsand. Wenn dicke Schichten

aus Lehmerde lange Zeit übereinanderliegen, wird daraus Schiefer. Aus Sand kann sich bei großem Druck und großer Hitze Sandstein bilden. Aus Kalksteinschichten kann Marmor werden.
Steine sind am Anfang alle rauh. Doch wenn Wind und Wasser sie abschleifen, werden sie manchmal ganz glatt – wie zum Beispiel ein Bachkiesel. Wenn ein Kiesel zerbricht, kommt wieder die rauhe Oberfläche hervor. Auch ein Edelstein sieht zuerst aus wie ein gewöhnlicher Stein. Man muß ihn schleifen, damit er glatt wird und das Licht zurückwerfen kann. Erst dann blitzt und funkelt er.

Wie entsteht Sand?

? Der meiste Sand auf unserer Erde stammt von Küsten, die es in uralten Zeiten gab. Millionen Jahre lang schlugen die Wellen hier auf die Felsen und rollten Kieselsteine hin und her, bis sie zu Sand zerbröckelten. Als später die Meere austrockneten, blieb ein mit Sand und Steinen bedeckter Boden zurück. So entstand zum Beispiel die Wüste Sahara.

Auch der Sand, den man bei uns in manchen Gegenden findet, kommt entweder von den Küsten der Meere, die in der Urzeit Europa bedeckten. Oder Flüsse zerrieben mit ihrer mächtigen Strömung die Steine am Ufer zu Sand. Kleine Sandkörnchen wurden mitgetragen und anderswo in ganzen Schichten abgelagert. Oft änderten die Flüsse später ihren Lauf, doch der Sand blieb weiterhin liegen.

Sand kann viele Farben haben. Die Farben rühren von dem Gestein her, das zu Sand zerrieben wurde. Der meiste Sand stammt aus hellbraunen oder gelben Steinen. An Meeresstränden gibt es oft auch blendend weißen Sand. Er besteht hauptsächlich aus zermahlenen Muscheln. Und an den Küsten von Vulkaninseln gibt es sogar schwarze Sandstrände. Sie haben ihre Farbe vom schwarzen Vulkangestein.

SANDMUSEUM

BASTELMATERIAL

Sand; verschiedene Erdfarben; Gläser; Sieb; Teelöffel; Sandschaufel; Becher; Zeitungspapier

AKTION & BASTELANLEITUNG

Verschiedenartigen Sand sammeln. Die Kinder auffordern, von Ferienreisen etwas Sand mitzubringen. Den Sand jeweils in kleine Gläser füllen und Vergleiche anstellen: Wie fühlt sich der Sand an, wie sieht er aus?

Das Sandmuseum eventuell durch bunten Sand erweitern: Jeweils einen Teelöffel Erdfarbe in einen Becher geben, mit gesiebtem Sand auffüllen, gut durchmengen und nochmals auf eine Zeitung sieben. Auf diese Weise Sand unterschiedlich einfärben und dann in Gläser schichten. In ein Sandmuseum stellen oder als Raumschmuck verwenden.

Gibt man Sand in Kleister, kann man mit ihm auch ganze Bilder auf Pappe gestalten.

SANDTÜTEN

**Gibt man Sand in die oberste Tüte, sucht er sich seinen Weg durch die unteren Tüten.
Und auf der Erde wächst ein Sandberg.
Oder man malt Sandbilder auf den Boden.**

BASTELMATERIAL

Fotokarton in Gelb, Orange und Blau; Klebeband; Kreppapier oder Kreppapierrüschen (Blumenhandel) in Grün und Lila; Biegeplüsch; Wollfaden; Klebstoff; Schere; Lineal

BASTELANLEITUNG

Drei Spitztüten aus Fotokarton herstellen:
• eine rote Tüte, 10 cm Ø, 30 cm Länge,
• eine blaue Tüte, 8 cm Ø, 24 cm Länge,
• eine gelbe Tüte, 6 cm Ø, 20 cm Länge.
Die Tüten mit Klebeband zusammenkleben. Als Verzierung einen zweiten Klebestreifen auf der anderen Seite anbringen.
Kreppapierrüschen an den Tütenrand kleben. Dazu einen Streifen Kreppapier in der Mitte längs falten. Die geschlossene Seite über die Kante eines Lineals legen, wulstig zusammenschieben. An jeder Tüte seitlich zwei Schlaufen aus Biegeplüsch anbringen und einen Aufhängefaden befestigen.
Die Tütenspitzen abschneiden.

SPIELIDEEN

1. Die Tüten so an einem Stock befestigen, daß sie untereinander hängen. Feinen Sand von oben durch alle drei Tüten laufen lassen. Beobachten, wie darunter ein Sandhügel entsteht.

2. Die Kinder spielen in Gruppen. Ein Spieler jeder Gruppe hält einen Stock mit drei übereinanderhängenden Tüten.
Die anderen Mitspieler stellen sich in fünf Meter Entfernung auf. Jeweils das erste Kind nimmt eine kleine Schaufel, füllt sie mit Sand aus einem Eimer, läuft zum Tütenhalter und schüttet den Sand in die oberste Tüte. Dann geht's zurück, und das nächste Kind ist an der Reihe. In der Zwischenzeit lassen die Tütenhalter den Sand durch alle Tüten hindurch auf einen Haufen rieseln.
Die schnellste Mannschaft erhält zehn Punkte. Für den höchsten Sandhügel gibt es nochmals fünf Punkte.

3. Ein Kind hält einen Stock mit drei Tüten, ein anderes versucht, den Sand, der aus der letzten Tüte rieselt, mit einer Flasche aufzufangen.

4. Tüten einzeln aufhängen, mit Sand füllen und so bewegen, daß Zeichnungen entstehen.

Warum gibt es feinen und groben Sand?

? In manchen Gegenden ist der Sand sehr fein. Anderswo ist er grob, und manchmal sind Sandkörner fast so groß wie Schottersteinchen. In der Wüste Sahara gibt es weite Gebiete, die mit Schotter bedeckt sind.
Schuld daran ist der Wind. Er hat den feinen Sand vom groben Sand und von den Steinen getrennt. Stürme wehten und nahmen dabei den feinen, leichten Sand mit. Sie trugen ihn oft in weit entfernte Gebiete – dorthin, wo es heute Sandwüsten gibt. Der gröbere Sand und die Steine waren zu schwer, um verweht zu werden. Sie blieben zurück und bildeten eine Steinwüste. Aber auch hier sind weiterhin Wind und Wetter an der Arbeit. Frost kann kleine Stückchen von den Steinchen absprengen, und Sandstürme schleifen sie ab. Mit der Zeit zerfallen die Steine immer weiter zu Sandkörnchen. Wenn sich nun Sand auf Sand häuft und im Laufe von Millionen Jahren sogar Sandgebirge entstehen, kann Sand wieder zu Stein werden: Das unvorstellbar große Gewicht des Sandberges bäckt den Sand, der unten liegt, zu Stein zusammen – zu Sandstein.

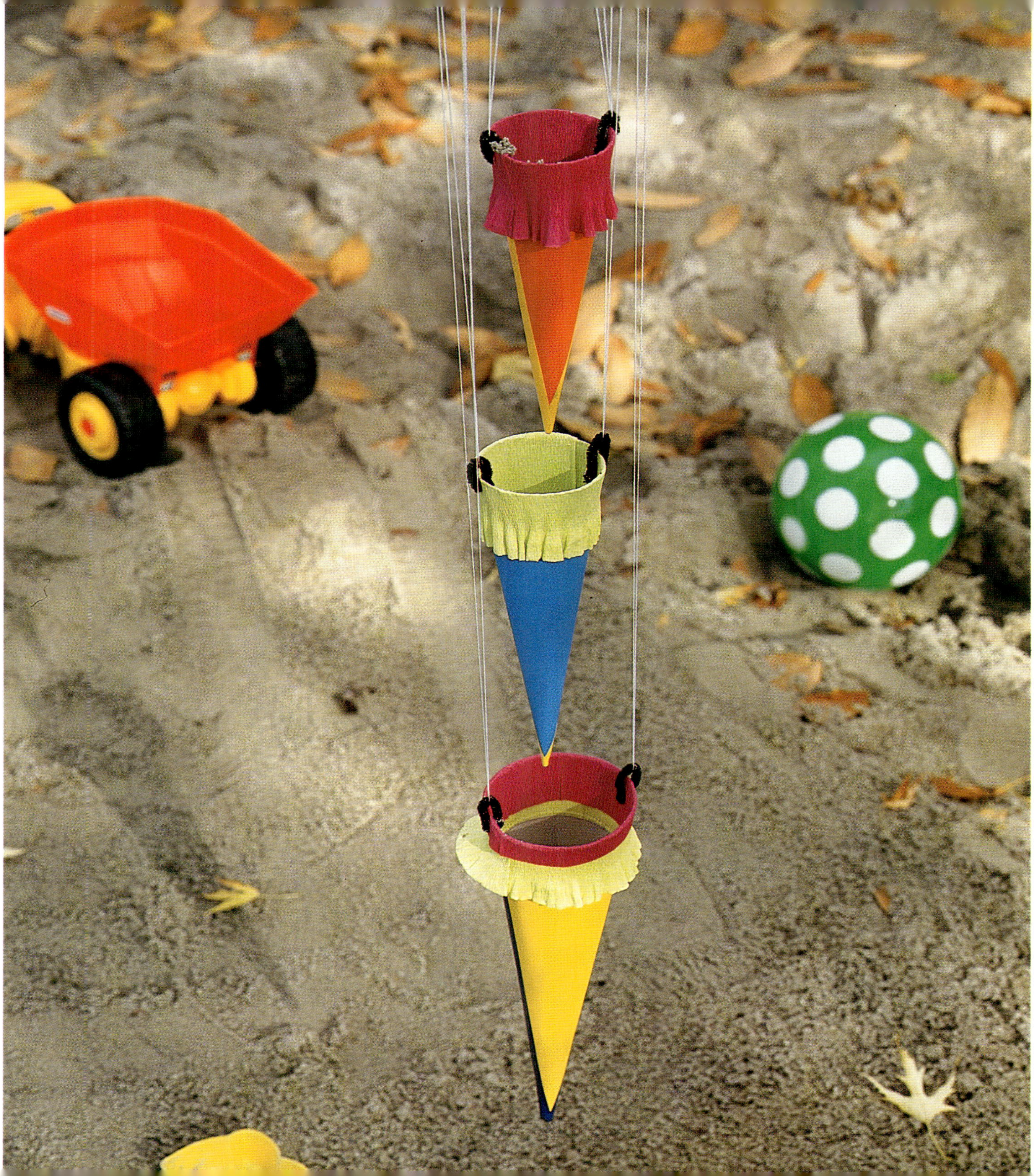

SANDKUGELSPIELE

Hier braucht's Geschick:
zum Formen von Sandkugeln, zum Werfen, Zielen und Treffen.

BASTELMATERIAL

Joghurtbecher in verschiedenen Größen;
evtl. Klebefolie, Seidenpapier, Kleister, Lackstift
Sandwürmer: Perlen; kleine Holzscheiben mit
Loch (Räder); Biegeplüsch; Wackelaugen

BASTELANLEITUNG

Plastikbecher nach Belieben ausgestalten:
Mit Klebefolie verzieren. Oder Kleister auftragen,
und kleine Quadrate aus Seidenpapier, 1 x 1 cm,
aufkleben. Oder mit einem Lackstift bemalen.
Biegbare Sandwürmer basteln: Perlen auf 10 cm
lange Biegeplüschstücke fädeln. Das hintere
Ende in die Öffnung einer kleinen Holzscheibe
(Standfläche) kleben. Das obere Ende zu
einer Schleife legen und in die Perle schieben.
Wackelaugen anbringen.

SPIELIDEEN

1. Die Becher werden auf dem Boden oder auf
einem Tisch im Freien aufgestellt.
Die Kinder formen Kugeln aus feuchtem Sand
und versuchen, die Becher aus einer bestimmten
Entfernung damit umzuwerfen.
Für jeden umgefallenen Becher gibt es zwei
Punkte.
Schwerer wird's, wenn Sandwürmer auf oder
zwischen den Bechern stehen: Wird einer

Wann läßt sich Sand formen?

? **Trockener Sand rieselt uns durch die Finger. Zwischen den einzelnen Sandkörnchen ist Luft, sie sind nicht miteinander verbunden. Sie gleiten aneinander vorbei.**
Feuchter Sand verhält sich ganz anders. Jedes einzelne Körnchen ist nun von einer hauchdünnen Wasserschicht umgeben. Und dieses Wasser wirkt wie ein schwacher Klebstoff. Der Sand bildet Klumpen. Wir können ihn zu Kugeln formen und sogar eine Sandburg daraus bauen. Sie wird so lange stehen, bis der Sand völlig

getroffen, ohne daß der Becher umfällt, gibt
es einen Punkt Abzug.
2. Die Kinder bilden zwei Gruppen. Für jede
Gruppe wird die gleiche Anzahl an Bechern
(und Würmern) aufgestellt. Man legt eine
Wurflinie, etwa 5 m entfernt, fest. Hier stehen
Eimer mit feuchtem Sand.
Das jeweils erste Kind läuft zu einem der
Eimer, formt Kugeln und wirft so lange auf

ausgetrocknet ist. Dann rieselt die stolze Burg zu einem Haufen Sand zusammen.
Etwas Ähnliches passiert, wenn wir den Sand nicht bloß feucht, sondern richtig naß machen. Dann sitzt jedes Sandkörnchen in einem eigenen Wassertröpfchen, und die Sand-Wasser-Mischung benimmt sich wie eine Flüssigkeit: Der eingeweichte Sand fließt. Wenn man Sand formen will, ist es deshalb ganz wichtig, daß er die richtige Feuchtigkeit hat: daß nicht zuwenig, aber auch nicht zuviel Wasser in ihm ist.

die Becher, bis alle umgefallen sind. Dann
richtet es die Becher wieder auf und läuft zu
seiner Gruppe zurück. Das nächste Kind darf
starten ...

SPIEL & SPASS MIT ERDE

Erde, Sand & Kies

Ort: Garten, Strand o.ä., eventuell auch teilweise drinnen

• Vor den Kindern sind kleine Erd-, Sand- und Kieshaufen aufgeworfen: trockene und feuchte Erde, trockener und feuchter Sand, trockener und feuchter Kies ... Alle dürfen das Material anfassen.

Nun kleine Schätze in den Haufen verbergen und suchen lassen.

Gemeinsam besprechen, wie sich die verschiedenen Materialien anfühlen.

• Ein Spieler bekommt die Augen verbunden. Er soll in ein Schälchen, das ihm gereicht wird, trockene Erde einfüllen, in das nächste Schälchen feuchten Kies ...

• Erde, Sand und Kies jeweils in kleine Gefäße füllen. Die Spieler dürfen den Inhalt nicht sehen und nicht berühren. Sie sollen allein durch Riechen die Erde herausfinden.

• Erde, Sand und Kies werden naß gemacht, damit sie sich besser verarbeiten lassen. Bauwerke sollen entstehen. Die Kinder finden heraus, welches Material zu welchem Bauwerk paßt: zum Beispiel eignet sich Sand für eine Burg, Erde für einen Wall, Kies für Wege.

Aus der Erde

Ort: Natur, eventuell auch drinnen

Die Kinder holen je einen Eimer mit Erde aus dem Garten, dem Wald, einem Bachbett und einen Eimer mit gekaufter Blumenerde. Sie fühlen die Beschaffenheit, betrachten das Aussehen und vergleichen.

Kleinteile wie Steinchen oder Torfstückchen werden aus der Erde herausgelesen und angeschaut. Dann können Pflanztöpfe mit der Erde gefüllt werden. Wo geht Saat am besten auf? Wo gedeihen Pflanzen am besten?

Naturgarten

Ort: Natur, eventuell teilweise auch drinnen

Kinder sammeln auf Spaziergängen Naturmaterialien. Diese eventuell zunächst trocknen lassen. Dann die einzelnen Dinge befühlen, beschnuppern, benennen und ihrer Herkunft nach ordnen.

In Gemeinschaftsarbeit einen Naturgarten gestalten.

Mit Händen & Füßen

Ort: draußen, eventuell auch drinnen

Kisten mit Sand, Torf, Lehm, Kies usw. füllen. Die Kinder mit nackten Füßen und verbundenen Augen hindurchführen. Zusätzlich dürfen sie mit den Händen tasten. Wenn das richtige Material genannt wurde, geht es weiter.

Auf Pflanzensuche

Ort: Wiese, außerdem Wald und Garten

Die Kinder sammeln verschiedene Gräser, Wiesenblumen und Blätter, betrachten, beschreiben und benennen sie.

Die Pflanzen in alten Katalogen pressen, dann auf Kärtchen (10 x 10 cm) kleben; diese zum Schutz mit Klarsichtfolie überziehen.

Gemeinsam auf eine Wiese gehen und dort mit einer Schnur einen „Rahmen" legen. Nun suchen die Kinder in diesem Rahmen nach Gräsern, Blumen, Blättern, die sie auch auf den Kärtchen haben. Der Rahmen kann immer wieder verschoben werden.

Die Kinder betrachten dabei die einzelnen Pflanzen genau, werden aber auch auf deren Häufigkeit und verschiedene Größen aufmerksam.

Der höchste Turm

Ort: drinnen oder draußen
Die Kinder sammeln flache Steine oder Holz-
stücke. Wer baut daraus den höchsten Turm?

In den Steinkreis

Ort: draußen, eventuell auch größerer Raum
Einen Kreis aus Steinen legen. Ein zusätzlicher
Stein kommt in die Mitte. Jedes Kind wirft drei
Stöckchen über die Schulter. Trifft es den Stein
in der Mitte, gibt es zwei Punkte. Trifft es in
den Kreis, gibt es einen Punkt.

Steinmemoryspiele

Ort: drinnen, Tisch oder Boden
• Steine, auch Halbedelsteine, richten. Von jeder
Art sind zwei Steine vorhanden. Säckchen aus
Filz mit je einem Stein füllen, mischen und in
Reihen anordnen. Ein Kind nach dem anderen
öffnet zwei Säckchen. Gleiche Steine dürfen be-
halten werden. Säckchen mit unterschiedlichen
Steinen kommen an ihren Platz zurück.
• Das Spiel beginnt wie zuvor. Findet ein
Spieler gleiche Steine, nimmt er sie zu sich.
Unterschiedliche läßt er vor den Säckchen liegen.
Paßt ein Stein zu einem, der bereits ausgepackt
wurde, dürfen beide genommen werden.
• Die Spielvorbereitung ist gleich. Diesmal aber
die Steine gut sichtbar vor die Säckchen legen.
Das Kind, das an der Reihe ist, versucht, sich
die Plätze zweier gleicher Steine zu merken.
Mit verbundenen Augen tastet es nach den
Steinen. Findet es zwei passende, darf es sie
behalten.

Spuren im Sand

Ort: drinnen oder draußen
Den Deckel einer Schuhschachtel mit feinem Sand
füllen. Mit den Fingern oder auch den Zehen
Spuren im Sand ziehen. Oder Kämme aus Karton
schneiden und Wellenlinien ziehen. Oder Murmeln
durch den Sand rollen lassen ...
Die unterschiedlichen Spuren ergeben immer
wieder faszinierend schöne neue Bilder.
Und wer schafft es, Spuren mit den Fingern
nachzufahren, ohne zu schauen? Ein Spieler zieht
eine Spur in dem Sand. Ein anderer versucht,
ihr zu folgen ...

Sandkugeln

Ort: Strand, Sandkasten o.ä.
• Je zwei Kinder spielen zusammen. Sie
versuchen, feuchte Sandkugeln zu formen,
zu werfen, aufzufangen. Welches Team schafft
es am häufigsten, eine Sandkugel hin- und
herzuwerfen?
• Ein Kind versucht mit einem Eimer, Sandkugeln aufzufangen, die ihm sein Partner
zuwirft. Wessen Eimer ist als erster voll?

Steinchenmikado

Ort: drinnen oder draußen
Einen Haufen aus Kieselsteinen oder größeren
Steinen bilden. Der Reihe nach versucht jedes
Kind, einen Stein von dem Haufen zu nehmen.
Dabei darf sich kein anderer Stein bewegen.

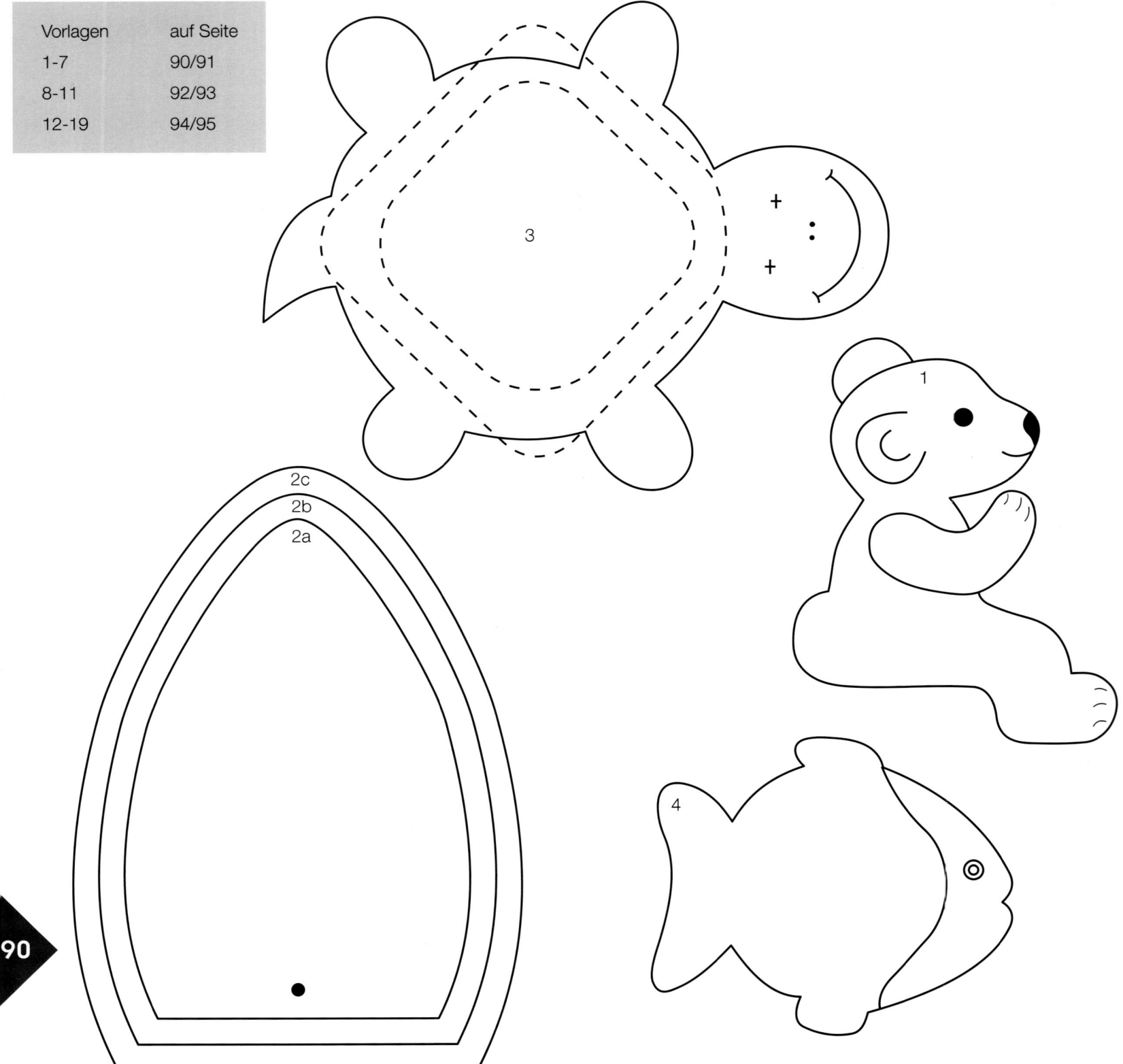

3

1

2c
2b
2a

4

5

7a

7b

6

8

94

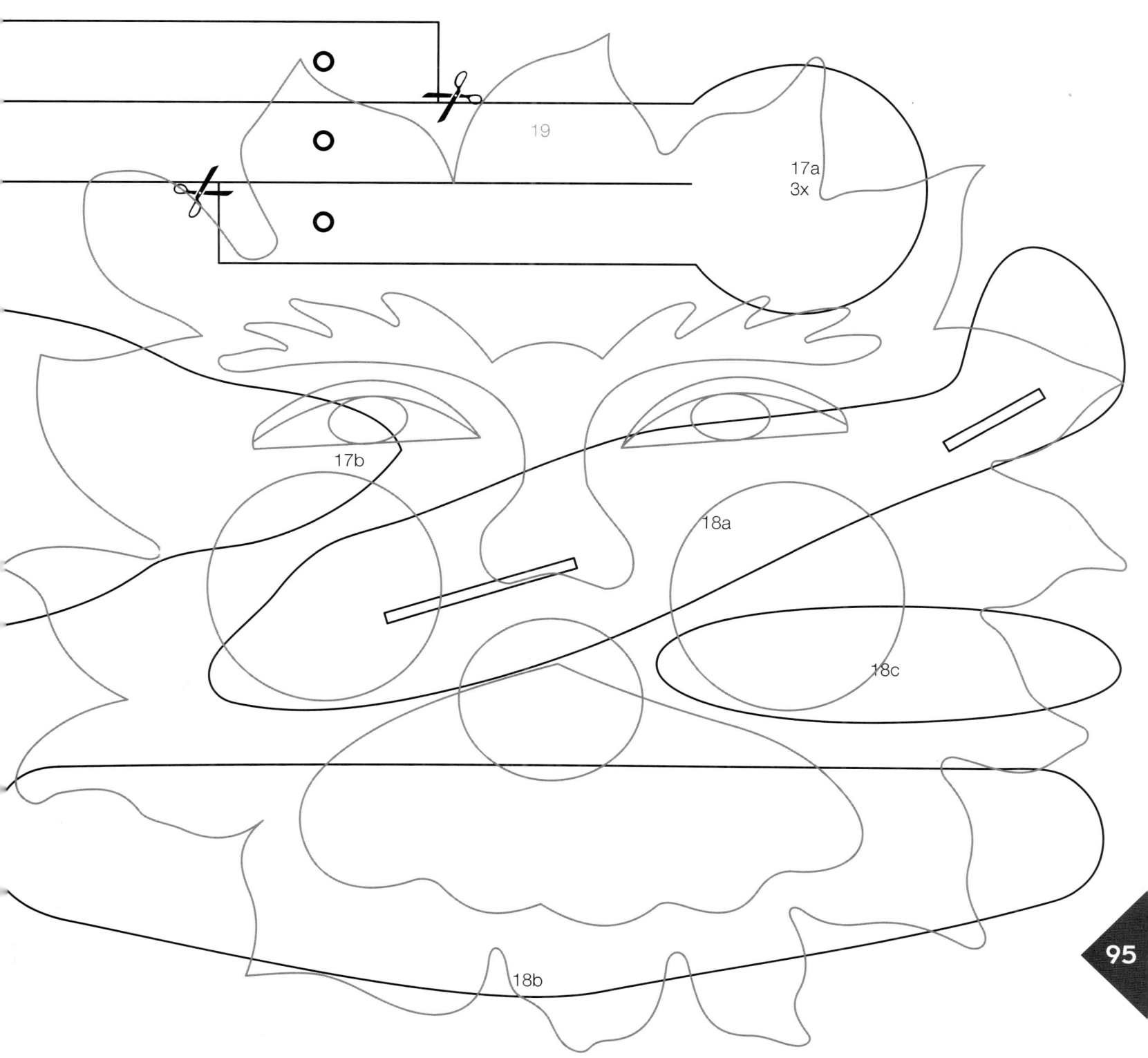

19

17a
3x

17b

18a

18c

18b

DIE AUTOREN

Von **Norbert Landa** stammen die Fragen und Antworten und Sachinformationen in diesem Buch. Der gebürtige Österreicher, Jahrgang 1952, hat Philosophie studiert und Journalismus gelernt. Seit über zehn Jahren schreibt er fast ausschließlich für Kinder. Seine mehr als fünfzig Bilder- und Sachbücher wurden in viele Sprachen übersetzt. Bei Christophorus hat Norbert Landa zusammen mit anderen Autoren bereits mehrere Bücher veröffentlicht:
- „Auf und ab & hin und her
  Basteln — bewegen — begreifen"
- „Mit allen Sinnen
  Basteln — spielen — lernen"
- „Verrückte Sachen zum Staunen & Lachen"
  Mit Kindern, basteln, spielen, lernen"
- „Kinder machen Theater
  Spiele und Stücke, Kostüme und Kulissen"
- „Wir machen Fingerspiele
  Neue Reime, Spiele, Puppen"

Gabriele Büttner-La Paglia lebt mit ihrer Familie in Hamburg. Sie ist seit vielen Jahren Erzieherin in einem Kindergarten, der auch behinderte Kinder betreut. Als Autorin ist sie durch Publikationen zur Vorschulerziehung bekannt.

Bei Christophorus sind von ihr bereits mehrere Bände rund um kreatives Gestalten im Kindergarten erschienen. Sie hat für diesen Band die Objekte auf den Seiten 58 bis 63, 76/77, 84 bis 87 gemacht und sich Spiel- und Aktionsideen überlegt.

Bärbel Merthan, die mit ihrer Familie im Landkreis Garmisch lebt, ist Erzieherin und leitet einen Kindergarten. Bereits seit mehreren Jahren ist sie Autorin einer pädagogischen Fachzeitschrift. Nebenbei arbeitet sie in der Erwachsenenbildung. Von ihr sind die Objekte auf den Seiten 14 bis 17, 26/27, 64 bis 67 und 82, außerdem Spiel- und Aktionsvorschläge.

Ingrid Moras wohnt mit ihrer Familie in Kaufbeuren. Nach mehrjähriger Tätigkeit als Lehrerin für Grund- und Hauptschulen arbeitet sie nun ausschließlich auf kreativem und künstlerischem Gebiet. Hier ist sie als Autorin erfolgreicher Anleitungsbücher zu unterschiedlichen Themen bekannt geworden.
Sie hat bereits mehr als vierzig Bände bei Christophorus herausgebracht. Sie hat sich die Objekte samt Spielideen auf den Seiten 18 bis 25, 28/29, 36/37, 40/41, 70, 78/79 ausgedacht.

Ursula Ritter ist Erzieherin und leitet einen Kindergarten in Endingen am Kaiserstuhl. Seit mehr als zwanzig Jahren gibt sie Kurse für Kinder und Erwachsene über bildhaftes Gestalten und handwerkliche Techniken.
Im Christophorus-Verlag sind von ihr bereits über dreißig Bände zu verschiedenen Bastelthemen erschienen, außerdem ein Buch zur spielerischen Förderung der Feinmotorik: „Spiele mit Hand & Fuß. Was Finger und Zehen alles können".
Für den vorliegenden Band hat sie die Objekte der Seiten 42 bis 49, 80/81, 83, 89 gestaltet und Spiel- und Aktionsideen gesammelt.

Andrea Seifert ist gelernte Kinderpflegerin und Erzieherin. Seit vielen Jahren leitet sie einen Kindergarten in der Nähe von Gießen. Lange Zeit war sie nebenbei Referentin für Kindertagesstätten. Jetzt unterrichtet sie im musikalischen Bereich an einer Berufsfachschule und widmet sich als Autorin für kreative Themen der Verlagsarbeit. Bei Christophorus hat sie bereits mehrere Bände mit Bastelvorschlägen veröffentlicht. Von ihr stammen die Modelle auf den Seiten 10 bis 13, 30/31, 56/57, 68/69 sowie Spiel- und Aktionsvorschläge.

© 1997 Christophorus-Verlag
Freiburg im Breisgau

Alle Rechte vorbehalten
Printed in Belgium

ISBN 3-419-52887-6

Fotos und Styling: Christoph Schmotz, Freiburg
Vorlagenzeichnungen: Uwe Stohrer, Norsingen
Umschlagfotos: Michael Nagy, München
Umschlaggestaltung und Layoutentwurf: Network!, München
Layout und Gesamtproduktion: IMPRESS, 85540 Haar bei München
Herstellung: Proost, Turnhout 1997